金陵全書

乙編·史料類

續南雍志（一）

（明）李孫宸 裁訂
黄儒炳 編輯

南京出版社
南京出版傳媒集團

圖書在版編目（CIP）數據

續南雍志 /（明）黄儒炳編輯；（明）李孫宸裁訂
. -- 南京：南京出版社，2016.5
（金陵全書）
ISBN 978-7-5533-1295-8

Ⅰ. ①續… Ⅱ. ①黄… ②李… Ⅲ. ①高等教育 - 教育史 - 中國 - 明代 Ⅳ. ①G649.29

中國版本圖書館CIP數據核字（2016）第073139號

書　名　【金陵全書】（乙編・史料類）
　　　　續南雍志
編著者　（明）黄儒炳　編輯　（明）李孫宸　裁訂
出版發行　南京出版傳媒集團
　　　　南　京　出　版　社
　　　　社址：南京市太平門街53號　郵編：210016
　　　　網址：http://www.njcbs.cn　電子信箱：njcbs1988@163.com
　　　　淘寶網店：http://njpress.taobao.com　天猫網店：http://njcbcmjtts.tmall.com
　　　　聯系電話：025-83283871、83283864（營銷）　025-83112257（編務）

出版人　朱同芳
出品人　盧海鳴
責任編輯　章安寧　楊傳兵
裝幀設計　楊曉崗
責任印制　楊福彬

製　版　南京新華豐製版有限公司
印　刷　南京凱德印刷有限公司
開　本　889毫米×1194毫米　1/16
印　張　86.5
版　次　2016年5月第1版
印　次　2016年5月第1次印刷
書　號　ISBN 978-7-5533-1295-8
定　價　2600.00 元（全二册）

淘宝网店　天猫网店

總序

南京，俗稱金陵，中國著名的四大古都之一，是國務院首批公佈的國家歷史文化名城。

南京有着六十萬年的人類活動史，近二千五百年的建城史，約四百五十年的建都史，享有『六朝古都』『十朝都會』的美譽。南京歷史的興衰起伏在某種程度上可以説是中國歷史的一個縮影。在中華民族光輝燦爛的歷史長河中，古聖先賢在南京創造了舉世矚目、富有特色的六朝文化、南唐文化、明文化和民國文化，爲中華民族文化的傳承和發展作出了不朽貢獻。然而，由於時代的遞遷、戰争的破壞以及自然的損毁等原因，歷史上南京的輝煌成就以物質文化形態留存下來的相對較少，見諸文獻典籍的則相對較多。南京文獻内涵廣博，卷帙浩繁，版本複雜。截至一九四九年中華人民共和國成立，南京文獻留存下來的有近萬種，在全國歷史文化名城中名列前茅。以六朝《世説新語》《文心雕龍》《昭明文選》，唐朝《建康實録》，宋朝《景定建康志》《六朝事迹編類》，元朝《至正金陵新志》，明朝《洪武京城圖志》《金陵古今圖考》《客座贅語》，清朝《康熙江寧府志》《白下瑣言》，民國《首都計劃》《首都志》《金陵古蹟圖考》等爲代表的南京地方文獻，不僅是南京文化的集中體現，也是中華民族優秀傳統文化的重要組成部分。這些南京文獻，積澱貯存了歷代南京人民的經驗和智慧，翔實地反映了南京地區的社會變遷，是研究南京乃至全國政治、經濟、軍事、文化、外交和民風民俗的重要資料。

歷史上的南京文化輝煌燦爛，各類圖書典籍琳琅滿目。迄今爲止，南京文獻曾經有過三次不同程度的整理。

第一次是距今六百多年前的明朝永樂年間，明朝中央政府在南京組織整理出版了《永樂大典》。《永樂大典》正文二萬二千八百七十七卷，凡例和目録六十卷，分裝成一萬一千零九十五册，總字數約三億七千萬字。書中保存了中國上自先秦、下迄明初的各種典籍資料達七八千種，是中國古代最大的類書。

第二次是民國年間，南京通志館編印了一套《南京文獻》。《南京文獻》每月一期，從一九四七年元月至一九四九年二月共刊行了二十六期，收入南京地方文獻六十七種，包括元明清到民國各個時期的著作，其中收録的部分民國文獻今天已經成爲絶版。

第三次是二〇〇六年以來，南京出版社選取部分南京珍貴文獻，整理出版了一套《南京稀見文獻叢刊》點校本，到二〇一三年初，已經出版了三十六册七十一種，時代上起六朝，下迄民國，在學術普及方面作出了一定的貢獻。

新中國成立六十年來，尤其是改革開放三十年來，南京的政治、經濟、文化建設飛速發展，但南京文獻的全面系統整理出版工作一直没有得到應有的重視，這與南京這座國家歷史文化名城的地位頗不相稱。據調查，目前有關南京的各類文獻主要保存在南京圖書館、南京市檔案館，以及全國各地的高等院校、科研院所、圖書館、檔案館、博物館，少數流散於民間和國外。一方面，廣大讀者要查閲這些收藏在全國各地的南京文獻殊爲不便；另一方面，許多珍貴的南京文獻隨着歲月的流逝而瀕臨損毁和失傳。南京文獻的存史、資治、教化、育人功能没有得到應有的發揮。

盛世修史（志）。在中華民族和平崛起和大力弘揚民族傳統文化、全力發展民族文化事業的大背景下，在建設『文化南京』的發展思路下，中共南京市委、南京市人民政府於二〇〇九年十二月作出决定，將南京有史以來的地方文獻進行全面系統的匯集、整理和影印出版，輯爲《金陵全書》（以下簡稱《全書》），以更好地搶救和保護鄉邦文獻，傳承民族文化，推動學術研究，促進南京文化建設；同時，也更爲有効地增加南京文獻存世途徑，提昇南京文獻地位，凸顯南京文獻價值。

爲編纂出能够代表當代最高學術水平和科技成就，又經得起時間檢驗的《全書》，我們將編纂工作分成三個階段進行。第一個階段爲調研階段，主要對南京現存文獻的種類、數量、保存現狀以及收藏地點等進行深入細緻的調研，召集專家學者多次進行學術論證和可操作性論證，撰寫出可行性調查報告，爲科學決策提供依據，此項工作主要由中共南京市委宣傳部和南京出版社組織完成。第二個階段爲啓動階段，以二〇〇九年十二月二十四日召開的『《金陵全書》編纂啓動工作會』爲標志，市委主要領導親自到會動員講話，市委宣傳部對《全書》的編纂出版工作作了明確部署。在廣泛徵求專家學者意見的基礎上，確定了《全書》的總體框架設計，確定了將《全書》列爲市委宣傳部每年要實施的重大文化工程，確定了主要參編責任單位和責任人，並分解了任務。第三個階段爲編纂出版階段，主要在全國範圍内進行資料的徵集、遴選和圖書的版式設計、複製、排版及印製工作。

爲了確保《全書》編纂出版工作的順利進行，中共南京市委、南京市人民政府成立了專門的編纂出版組織機構。其中編輯工作領導小組，由中共南京市委、市政府領導以及相關成員單位主要負責人組成；《全書》的編纂出版工作由市委宣傳部總牽頭；學術指導委員會，由蔣贊初、茅家琦、梁白泉等一批全國著名的專家學者組成，負責《全書》的學術審核和把關。

《全書》分爲方志、史料和檔案三大類。自二〇一〇年起，計劃每年出版四十册左右。鑒於《全書》的整理出版工作難度較大，周期較長，在具體操作中，我們採取了分工協作的方式。市委宣傳部和南京出版社負責《全書》的總體策劃，其中方志部分，主要由南京市地方志編纂委員會辦公室和南京出版傳媒集團·南京出版社共同承擔；史料部分，主要由南京圖書館承擔；檔案部分，主要由南京市檔案局（館）承擔。《全書》的編輯出版，得到了江蘇省文化廳、江蘇省新聞出版局、江蘇省檔案局（館）、南京大學、南京圖書館、南京市文廣新局、南京市社科聯（社科院）、南京市文聯、金陵圖書館以及各區委宣傳部和地方志辦公室等單位及社會各界的熱情鼓勵和大力支持，尤其是得到了中國國家圖書館和全國各地（包括港臺地區）高等院校、科研院所、圖書館、檔案館、博物館等藏書單位的鼎力相助，在此表示深深的謝意！

我們相信，在中共南京市委、南京市人民政府的長期不懈支持下，在各部門、各單位的積極配合和衆多專家學者的共同努力下，這項功在當代、利在千秋的傳世工程一定能够圓滿完成。

《金陵全書》編輯出版委員會

凡例

一、《金陵全書》（以下簡稱《全書》）收録的南京文獻，依内容分爲方志、史料和檔案三大類。

二、《全書》按上述三大類分爲甲、乙、丙三編，以不同的封面顔色加以區分；每編酌分細類，原則上以成書時代爲序分爲若幹册，依次編列序號。

三、《全書》收録南京文獻的範圍，以二〇一三年南京市所轄十一區，即玄武、秦淮、建鄴、鼓樓、浦口、六合、棲霞、雨花臺、江寧、溧水和高淳爲限。

四、《全書》收録的南京文獻，其成書年代的下限爲一九四九年。

五、《全書》收録方志和史料，盡量選用善本爲底本。《全書》收録的檔案以學術價值和實用價值較高爲原則，一般選用延續時間較長、相對比較完整的檔案全宗。

六、《全書》收録的南京文獻底本如有殘缺、漫漶不清等情况，必要時予以配補、抽换或修描，以保證全書完整清晰；稿本、鈔本、批校本的修改、批注文字等均保留原貌。

七、《全書》收録的南京文獻，每種均撰寫提要，置於該文獻前，以便讀者了解其作者生平、主要内容、學術文化價值、編纂過程、版本源流、底本採用等情況。

八、《全書》所收文獻篇幅較大時，分爲序號相連的若幹册；篇幅較小的文獻，則將數種合編爲一册。

九、《全書》統一版式設計，大部分文獻原大影印；對於少數原版版面過大或過小的文獻，適當進行縮小或放大處理，並加以説明。

十、《全書》各册除保留文獻原有頁碼外，均新編頁碼，每册頁碼自爲起訖。

提要

《續南雍志》十八卷首一卷，明黄儒炳編輯、李孫宸裁訂。

黄儒炳字士明，廣東順德人，萬曆三十二年（一六三四）進士，入翰林，歷官南京國子監祭酒，轉南吏部侍郎，復轉禮部右侍郎，兼侍讀學士、纂修神宗光宗實録副總裁，進吏部左侍郎，以母老身病請告得旨回籍，歸家未幾而母歿，竟以哀毁卒。著有《續南雍志》十八卷首一卷、《影木軒集》，詳見清彭玉麟等修、魯曾煜纂《廣東通志》卷四十五《人物志》。

李孫宸字伯襄，廣東香山人，萬曆四十一年（一六一三）進士，改庶吉士，授編修，歷任左春坊左庶子兼翰林院侍讀、南京國子監祭酒，改南禮部右侍郎，旋任北禮部尚書。崇禎初晋北禮部尚書充日講，轉南禮部尚書，年五十五卒於位。著有《續南雍志》十八卷首一卷及《建霞樓集》，詳見清彭玉麟等修、魯曾煜纂《廣東通志》卷四十五《人物志》。

《續南雍志》是繼《南雍志》後對明嘉靖至天啓年間南京國子監的教育事業進行全面總結的一部專著。黄儒炳《續南雍志序》介紹了該志的編纂過程：『羅陽區公，以曾來署雍篆者也。區公曰：聖明御極之初，有中外修志功令。將先朝典故於焉備采，已屬博士姜君一洪、助教申君紹芳董蒐獮，而監生唐時亦令供事繙閱矣。余請區公竟是業，公以攝事辭。余暇日乃就所編輯者，定以凡例，取次成帙。已而申君遷南儀部，唐生亦去。余乃手自編摩，删其繁冗，參以故實，凡舊志所未載，及近來疏奏科條出自朝家關於雍政者，一切補入，書成於職業酬應之餘。』落款為『天啓三年癸亥仲夏端陽日南京國子監祭酒南海黃儒炳序』。『區公』名大倫，曾於天啓二年五月以太常少卿的身份管理過南京國子監，關於他組織屬下續修《南雍志》的情況，詳見《續南雍志》卷九《事紀新續》。《事紀新續》還談到黃儒炳將《續南雍志》編好後『繕寫藏之，至祭酒李孫宸乃更與學正黃奇士等删繁補缺，間附論斷，始為完書而發梓焉』。據本志卷十《職官表》可知李孫宸于天啓五年五月被任命為南監祭酒，六月到任，則李孫宸將《續南雍志》定稿并付梓，當為此後不久的事。

關於明代統治者，特別是明太祖、明成祖重視國子監教育事業的情況，《金陵全書·南雍志》提要已作了介紹，可參看。為了使南京國子監的工作有所依據，自景泰年間祭酒吴節修纂《南雍志》以後，不少祭酒都很重視修訂與增補

《南雍志》的工作，再加上明熹宗登位之初『有中外修志功令』，這也促成了《續南雍志》的修纂與出版工作。

《續南雍志》卷一為《帝訓紀》，記載嘉靖、隆慶、萬曆三朝皇帝關於國子監的論著。卷二至卷九為《事紀》，記載嘉靖元年（一五二二）至天啓六年（一六二六）南京國子監的重要事件。卷十、卷十一為《職官表》，記載嘉靖至天啓年间南京國子監官員的任職時間及簡歷。《凡例》稱：『《職官表》分堂上官為上篇，屬官為下篇。』『上下篇首各加敘事，詳及職掌，此為變體，用補前志之未備。』『堂上官』指祭酒、司業，『屬官』指監丞、典簿、博士、助教、學正、學録、典籍等。卷十二上為《規制考》，記載嘉靖至天啓年間，南京國子監所有建築地產及其管理情況。卷十二下為《典式考》，記載南京國子監官員職務行為的舉止規範。卷十三分為《造士考》，記載南京國子監培養與管理學生的規章制度，以及萬曆年間在監學生數與嘉靖元年至天啓四年南京國子監學生參加應天府鄉試中舉名單，并附載各種南雍簿册的名稱。卷十四為《養賢考》，記載南京國子監師生員工的生活保障措施以及經費收支情況。卷十五為《禮儀考》，記載南京國子監的禮儀，《凡例》稱：『特從舊志規制中抽出廟中從祀諸事以明禮儀之大者，有堂儀以補前志所未備，其餘則儀注之節略耳。』卷十六為《音樂考》，談了音樂與國子教育之間的關係，《四庫全書總目》提要批評明黃佐《南雍志》云：『惟《音樂考》一門多泛論古樂，皆佐一己之見，於太學制度無涉，殊失限斷。』用這段話批評《續南雍志·音樂考》也是適合的。卷十七為《經籍考》，記載了天啓年間，南京國子監藏書及所存書板情況。卷十八為《列傳》，記載了二十位傑出祭酒、七位傑出司業、五位傑出監丞、博士、助教的傳記，末附摭言十則。

關於此書體例，《凡例》稱黃佐《南雍志》『準《史記》本紀、年表、八書、諸傳之體，犁然辯矣，今仍之而稍更以己意。首之以《帝訓》與舊志異。……《事紀》始於嘉靖之元年迄於萬曆之末年，而近數年人與事雖未易詳載，亦聊紀其凡以備歲月也』。《南雍志》二十四卷，《續南雍志》十八卷，雖然卷數有明顯差异，其實體例是基本一致的。其最大特點是在卷一專設《帝訓紀》以突出皇帝對國子監工作的指導作用。再就是卷十三《造士考》附有簿册，卷十八《列傳》附有摭言，雖然簿册僅録名稱，摭言只有十則，但仍具有史料價值。

《南雍志》與《續南雍志》全面而系統地總結了明初至天啓年間南京國子監的教育事業，研究明代教育史、出版史、藏書史者，在研讀《南雍志》的同時，必然會關注《續南雍志》。研究南京的歷史與文化者，也會重視這兩部書。

該書目録後有《修志職名》，明確指出：『纂修官：太常少卿署監事區大倫經始，祭酒黄儒炳編輯，祭酒李孫宸裁訂』。如前所説，此書是由太常少卿署監事區大倫發起并組織人編纂的，祭酒黄儒炳上任後大致完成了這項工作，但是并未付梓。祭酒李孫宸上任后，对《續南雍志》作了裁訂与補充工作，并予以刊刻出版。《續南雍志》卷九《事紀》紀事至天啓六年，李孫宸《南雍續志序》所署寫作時間為『天啓六年丙寅春』，因此《中國古籍善本書目》將其版本著録為『明天啓六年刻本』是準確的。此本上海圖書館與臺北『中央圖書館』均有收藏。臺北『中央圖書館』藏本原為北平圖書館所有，該本卷端《南雍續志序》首行下方鈐有『國立北平圖書館收藏』印，該本亦為《北平圖書館善本書目》卷二史部職官類著録。一九七六年九月，臺灣偉文圖書出版社有限公司即據該本影印出版。《金陵全書》收録的《續南雍志》以臺北『中央圖書館』藏本為底本影印出版。

徐有富

南雍續志序

今之志古之史也史體定于編年一變而爲傳紀志表而紀年略凡志則傳紀志表例也今天下郡邑之牘亦不勝削矣要以

所紀不出其方域故實如山川土田民物風俗咸必有關于朝家之禮樂教化敦與明倫于以育才造士一道同風月紀而歲錄也故前牘一定事鮮更新即

閩有重脩大都採掇近聞續
爲增竄無事別搆新編嗣前
志而並行也乃若南雍爲我
朝豐鎬作人聲教首善之地
初志始安成吳公久已湮滅今志然

以孝鄉黃文裕輯崔文敏蒞續
行所集錄翊建式飭禮樂冠
服備叢選用之條清
列聖訓誥一代典章是雍志
實國史也顧自嘉靖之後而

寵命所爲揭五品以廻羣材業業凜奉規繩夙夜無斁惟是百年文獻寥寥無徵參考證佐之謂何寡聞款啟曾鼻以艱掌以未遑竊閑惴惴暇日偶理

序　三

舊櫥中得今少宰黃先生所手編一帙網羅百年間之見聞散實犁然詳備深服其才識淹博纂輯精勤而先生所自序稱歎然未為完書欲留遺以俟後輙不

有餘年條議有通變事蹟有更移教化之寬嚴興廢士習之恬競醇漓孰從而徵諸獻遠績殘之後

今上首葺太學將以闡倫育士

隆親親賢賢之理孫宸衷自儲
扃分玉瀋藩幸無隕越展
親之典敘
命爵及齊魯後承留藩盛賢
之之自維謭劣兩膺

自審昧与學正黃天華重加較
閱雖日迫寸晷未能悉補缺漏然
亦間附己意妄爲裁訂一二以無
虛先生之雅意會少司成林公新
任出以執正堅從吏授梓而以經費

二 五

序

益滋予性硜硜終不欲使諸生得
援姚讓故例處閒俸實毋何有
量移之報因得手一切選行故
事綜覈悉裁合之從前所與林
以極意節省者以資剞劂不日告

成是役也豈敢謂梓里承學
述繼文裕之緒庶幾以藉手少宰
之先其難者不致委之榛莽以
俟後之君子云耳
天啓六年丙寅春上巳南海

李孫宸題于無斁堂

續南雍志序

南雍志南海黄文裕公所輯也儒炳以梓里後學承乏成均每行事必質之是書但念近事有未顯若者何能於志外索端緒適稍詢於太常羅陽區公以曾來署雍纂者也區公曰

聖明御極之初有中外脩志功令將

先朝典故於焉備采已屬博士姜君一洪助教申君紹芳董蒐彙而監生唐時亦令供事繙閱矣余請區公竟是業公以攝事辭余暇日乃就所編輯者定以凡例取次成帙已而申君遷南儀

部唐生亦去余廼手自編摩刪其繁冗參以故
實凡舊志所未載及近來疏奏科條出自
朝家關於雍政者一切補入書成於職業酬應之
餘余實不敢自虛其歲月而自申姜二君外若
監丞田君毓華博士王君汝受學正袁君文紹
學錄葛君大同余皆藉爲稽攷况區公以理學
名儒先隱栝而開其草創乎因跡爲步因人成
事余所徼惠於區公者多矣或者見其草草就
緒以爲取辦殊易不知是志比前有四難黄文
裕豐才博學尤精於禮樂名數粤人號爲黄書

櫥囿長袖善舞者而余善病少讀書一難也前志
述
國初事爾時投戈講藝
臨雍典制彬郁可紀今
留雍南峙不復作前日觀二難也往時俊造多超
拔重用事業照燿簡冊今士非制科起家則束
於常調而所入之途更雜三難也制度之壯麗
矩矱之森嚴前已詳者不堪再陳僅掇儲牘之
斷楮河南道之報章始末遺漏非一四難也貂
可續蠹可剔而難不必避是則余之闇昧而已

矣余間出是書與今少司成桐城葉公商確因謂自嘉靖初迄今中間凡百年事蹟有張弛條例有沿革職任有輕重遲速士習有淳漓恬競是書已具聊且不賢者識其小亦不妨載及凌雜惟是所彔列傳去取因仍未決不無附於善善之長若劉雲嶠先生傳商銘先生師表作人居然典刑且徵傳未至其他豈必無溺即此亦足明是志之未爲完書矣姑有所留遺以俟後之補成寧遂爲閣筆相仗乎葉公以爲然遂繕寫而藏其副

天啓三年癸亥仲夏端陽月南京國子監祭酒

南海黃儒炳序

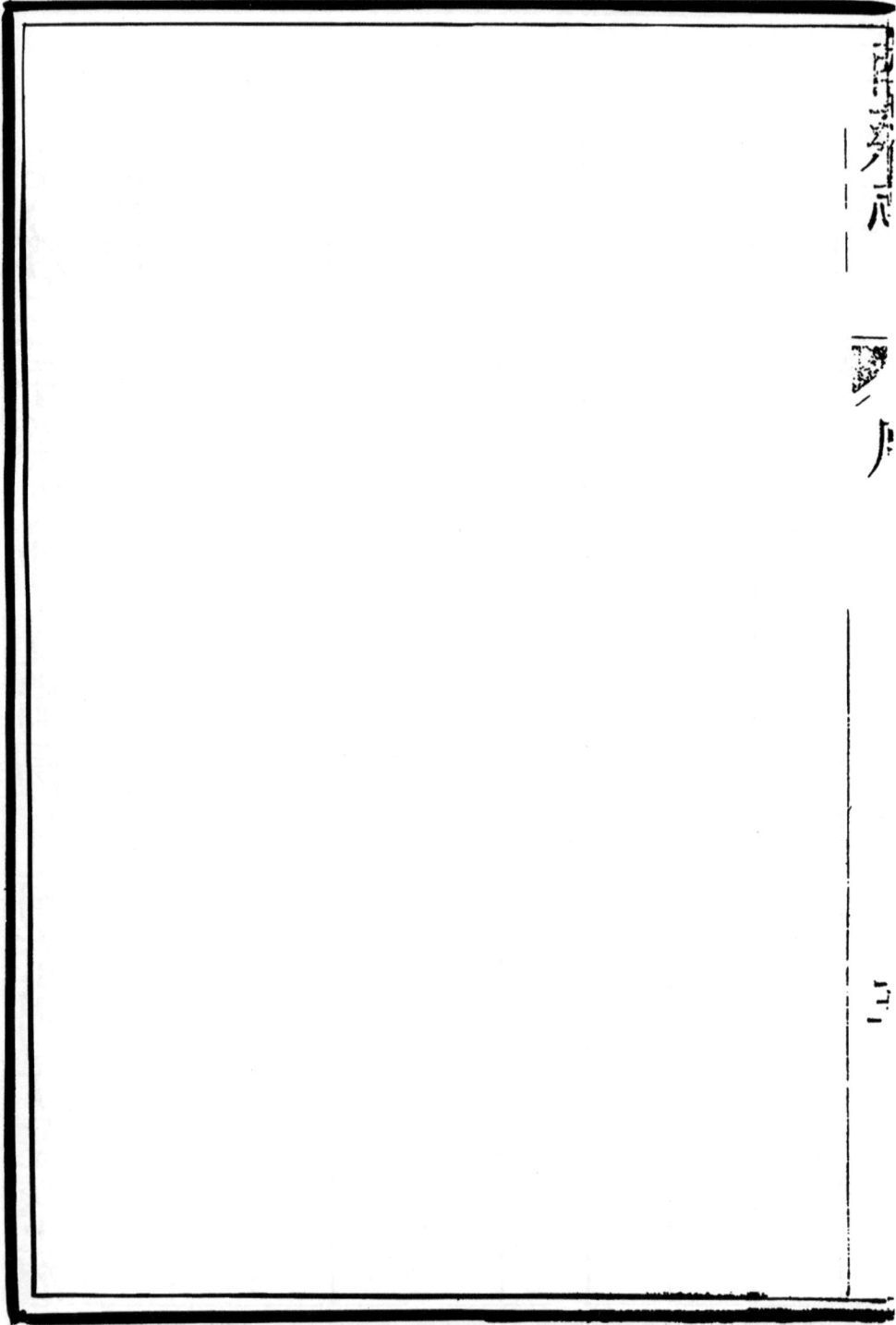

南雍志卷之一

嶺南黃儒炳編

凡例

舊志法司馬氏爲紀一表一曰事紀曰職官次而爲考者六曰規制曰謨訓曰禮儀曰音樂曰儲養曰經籍而卽終之以列傳以準史記本紀年表八書諸傳之體犁然辯矣今仍之而稍更以已意首之以

帝訓與舊志異尊

王也事紀始於嘉靖之元年迄於萬曆之末年而近

數年人與事雖未易詳載亦聊紀其凡以備歲月也由是而職官有表職其事者必重其官也繼之規制以記營繕合之典式以明體統而守不失器官不易方準諸此矣育德之義載於造士而士之廩官之俸皆所以養賢也造而養之必禮以陶樂以淑詩書以弦誦此禮儀音樂經籍所爲並載也教士者身爲模動爲矩或亦博洽宿負待叩而鳴故二紀一表七考備遺忘也而終之以列傳使後起者有所取資焉

一

帝訓事紀皆始於嘉靖之元年盖踵前者必原其始

也與前志分前后合爲一書故凡前志所有者

雖重事亦不再述

一職官表分堂上官爲上篇屬官爲下篇旣不用

界畫經緯法每上下篇首各加叙事詳及職掌

此爲變體用補前志之未備

一規制自洪武以迄嘉靖初年備載前志無庸添

足今止述其槩而以逓年修葺工役足之官宅

號舍園場其規制中瑣事耳

一典式於本監事體儘有關係或於舊本抽出或

於近事揭明補前志所未備

一舊志儲養爲一事今分造士養賢各自爲考以便查閱而以簿冊附於造士之末

一禮儀舊志曲備古今今特從舊志規制中抽出廟中從祀諸事以明禮儀之大者有堂儀以補前志所未備其餘則儀注之節畧耳

一經籍刻板只據見在者記之其餘零簡斷策姑從其闕首記制書而分經史子集四種別以雍政諸書爲一種藏書數目則記曰在某堂

一列傳隨職官次第年任先後凡未履任者郎
理學如蔡公清文章如王公維楨亦不入傳
其他致位台鼎而任本監不二三月遽轉北
者亦然傳止於郭江夏此後則以世數尚近
闕焉搜羅固未廣去取亦未決也

一摭語凡事有可資參考備聞見者既不能成
篇輒附之列傳之末是又稗史之緒餘也

一舊志備載名公詩文今恐不能盡錄且攙入
事跡中恐妨稽考姑采文數篇關切者入焉
餘遺之以俟志藝文者

一前志無附論然以受事日淺一得膚見未能條陳參定以裨萬一特每因事作分行細書附后以俟高明采菲

南雍志書總目

脩志職名

纂脩官

太常少卿署監事區大倫經始

祭　酒　黄儒炳編輯

祭　酒　李孫宸裁訂

司　業　林　釬參訂

分纂官

學正黄奇士較閲

博士王忠陛

許九臯

助教陳起淳
陳啓祚
傅國俊
朱　葵
學正顧國縉
梁斗輝
學錄宋應軫
鄧承簡
典簿詹洪鼎分閱

南雍志帝訓紀小序卷之一

嘗論史恠漢西京之盛表章六經疇咨俊茂建太常博士弟子員寵進文學掌故而辟雍之制未興至元始始建三雍天子冠通天而衣日月備法駕清道詣之何有待也唐太宗銳情經術兩監萃集宋藝祖歲常三詣學開天成化靡越右文然祭義精微經時逾顯王公五等之封累崇反失配祀堂廡之制越次彌淆又況角詞賦於蟲篆誣性理為贗鼎推波助瀾風流漸遠者哉

戴桂孝刊

太祖高皇帝驅氛踐寳首畫辟雍令學士師生以時
習禮其堂低徊豐芑不能去
聖聖相繹
天語諄復國肯具在故記尚已及覩
肅皇帝裒定尊號章道扶王歸本燕志升降位次出
入從饗一依
宸衷獨斷所
親著論出一時名公卿大臣謝不及尤號殊烈人
文化成洽此四國歷
聖子

神孫如日中天有以乎失其義陳其數祝史之事也
知其義而敬守之天子之所以治天下也直溫
寬栗依詠和聲虞廷命夔數語萬世教胄子不
能外學者反覆
心敬諸箴
訓辭深厚究神明之容上嘉一揆咸朕無文罔不
式度而乃追尚素功啓廸多士寧過範圍區區
漢唐廣厲遺指又惡足多云作帝訓紀

帝訓本末

舊志成於嘉靖之二十三年而其間事紀止於

正德卽列傳中嘉靖以後人闕如也
肅皇帝御製文字則謨訓考獨載之今志肇
世廟元年故
世廟御製諸篇復次焉嗣是隆慶萬曆繼離申
命後先三世謨烈昭垂巳
光宗貞皇帝改元之初釐弊政起舊臣禆海内外喁
喁向風幾望太平之理而以享國日淺
綸綍未遑使後世不得聞
王言之大惜哉

帝訓紀

世宗肅皇帝勑諭國子監師生

朕惟彝倫教化之本學較明倫之地五倫之道

具在六經

先師孔子刪述六經以教萬世我

祖宗列聖建學育材惇敘彞倫化成天下一惟六經

之教是遵是信朕繼承大統率由

舊章紀元之初親臨太學祗謁

孔子退御彝倫堂講論治道因以勸勵師生夫自古賢臣名士致君澤民建功業於當時流聲實於後世未有不本於經術明於倫理者爾師生

平日之所以爲教爲學要皆不外於此其益勉
尊所聞力行所知以古之賢才自期待隨所任
使慎修職業賛襄治理使君子聞大道之要細
民蒙至治之澤五倫之教不爲虚文六經之言
見於實效我
國家文明之化庶幾唐虞三代雍熙太和之盛顧
非爾師生之至願哉欽哉故諭
嘉靖元年春三月初九日
御製敬一箴有序見舊志
御註心箴見舊志

御註視聽言動四箴 見舊志

四箴註成於嘉靖六年十一月二十六日先以
示大學士張璁令潤色之逾月初三日然後
頒示諸輔臣楊一清等一清等復奏立石
勑工部以此註并前心箴註及與敬一箴皆重錄
一通爲石刻於翰林院堂後空地監之以垂永
久仍
勑通行兩京國子監并南北直隷十三省提學官
摹刻於府州縣學
詔太學各立碑亭賜名曰敬一從大學士楊一清

等議也

御製正孔子祀典說

朕惟孔子之道王者之道也德王者之德也功王者之功也事王者之事也特其位也非王者之位焉昨輔臣少傅張璁再疏請正其號稱服章等事已命禮官集翰林諸臣議正外惟號與服章二事所關者重亦關於朕者不得不爲言之朕惟我

聖祖高皇帝應

天作辟以繼羲農堯舜而君天下傳至我

皇兄
皇兄升遐以朕爲我
皇考至親之子
命入奉
大統繼承
宗祀以主
郊廟百神爾豈敢於義理不當爲者而率爲之茲所
議祀典亦未爲輕而號稱服章實又重焉孔子
當周家衰時知其不能行王者之道耳乃切切
以王道望於魯衛二國二國之君竟不能明孔

子之道孔子既逝後世至唐玄宗乃薦謚曰文
宣加以王號至元又益其謚爲大成夫孔子之
於當時諸侯有僭王者皆筆削而心誅之故曰
孔子作春秋而亂臣賊子懼孔子生如是其死
乃不體聖人之心漫加其號雖曰尊崇其實目
爲亂賊之徒是何心哉又我
聖祖當首定天下之時命天下崇祀孔子於學不許
祀於釋老宮又陰去塑像止令設主樂舞用六
佾籩豆以十可謂尊崇孔子極其至矣無以加
矣特存其號豈無望於後人哉亦或當時草創

未暇歟至我
皇祖文皇帝始建北京國學因元人之舊塑像猶存
葢不忍毁之也又至我
皇祖考用禮官之儀增樂舞用八佾籩豆用十二牲
用熟而上擬乎事
天之禮也畧無忌焉夫孔子設或在今肯安享之肯
不觀魯僭王之禮寧肯自僭祀
天之禮乎果能體聖人之心決當正之也至於稱王
賊害聖人之甚王者已有是德宜居是位堯舜
是也無其德而居是位者昏亂之君如桀紂幽

厲是也若至於後世之爲君而居王者之位者
其德於孔子或二三肖之十百肖之未有能與
之齊也至我
太祖高皇帝雖道用孔子之道而
聖人神智武功文德直與堯舜並矣恐有非孔子所
可擬也由是觀之王者之名不宜僞稱王者之
德不容僞爲僞稱者近於僭亂僞爲者其實有
未盡之也至於服章之加因其位耳孔子昔曰
名不正則言不順言不順則事不成何其不幸
身遭之哉夫旣以王者之名而横加於孔子故

使顏回曾參孔伋以子而並配於堂上顏路曾晳孔鯉以父從列於下安有子坐堂上而父食於下乎此所謂名不正者焉皆由綱領一紊而百目因之以隳傳至有宋而程顥以親接道統之傳遂主英宗不可父濮王之禮誠所謂是可忍也孰不可忍也之明驗哉今也不正滋來世之非道將見子不父其父臣不君其君內離外叛可勝言哉除待該部集議施行茲朕不得不辯亦不得不爲輔臣辯璁也爲名分也爲義理也非誚君也非滅師也若朕所正者亦如是所

以防閑於萬世之下也設或有謂朕以位而凌
先師實非知原心者是爲説
嘉靖九年十月二十八日
聖諭孔子祀典（見舊志）
御製正孔子祀典申記（見舊志）
（附論）孔子祀典前代之尊崇極矣乃亦有以尊而
反褻者
肅皇帝毅然獨斷盡舉而釐之一切典章皆從改正
非如後世作聰明其實皆前世未有之規千百
代不刊之典

聖有謨訓雲漢爲昭豈漢唐詔令所可窺其涯涘者
獨其減籩豆十二殺八佾之舞而爲六佾於優
隆
先師之意似於少衰當時臣子無能講明斯義者
致損益之際微失所衷嗚呼惜哉
嘉靖間禮部屢請申明監規俱奉
明旨行兩監及各府州縣儒學遵守詳見舊志不重錄

祀至聖先師孔子祝文

維嘉靖十年歲次辛卯六月甲寅朔初八日辛
酉

皇帝遣南京禮部右侍郎黃綰致祭於
至聖先師孔子曰自昔混沌之初
天命羲農軒聖創世開物以至堯舜禹湯文武周公
及
先師列聖相繼奉
天行道立教誨人肆我
聖祖崇禮於
先師者
御製有文典册具在予惟寡昧之人近仰遵
祖憲去胡元褻慢之偶像

祖制崇禮之
聖謨號稱核實俎豆究本以遵
祖典兼體
先師至意予實不聰頼
先師默鑒及良輔洪儒所賛之也爰擇令辰特令
南京禮部堂上官奉安
先師神位以及配從之位於此惟
先師鑒知永依陟降大運
神化教我君民俾予性理早開而無負
皇天付託之眷命暨士庶學業咸正而無違

先師傳道之至情予實有望焉

先師鑒之以復聖顏子宗聖曾子述聖子思子亞

聖孟子配尚饗

祝文非

聖製也而稱我

聖祖稱予惟寡昧以告焉雖在下者代

天子之言猶

天子也故亦紀之於

帝訓是時祀典新釐名稱皆易即細如祝辭弗屑因

前人之舊

肅皇帝車駕重幸太學至於南雍則遣官祭焉
特祭也故其視亦以特詞云
勑諭國子監師生
朕惟人君御世撫民教化爲先自古聖帝明王
莫不建學立師以闡明經典惇敘彝倫長養人
材弼成至治朕即位之初嘗親臨太學祇謁
先師講論治道以勵諸生茲以
祀典釐正載詣
孔廟恭行釋奠之禮且進爾師生講解經義夫天
下之治本於賢才賢才之成由於學校太學乃

育材之地教化之本源也五倫之道具在六經
非藉講明曷以措諸實用欲斯世斯民蒙至治
之澤難矣爾等尚懋乃斆學率勵作興匡直輔
翼務在惇本尚實勿徒專事詞章使大道明而
彝倫敘用賛我
國家文明之化庶幾復唐虞三代之盛顧不偉歟
於戲孔氏之教正名是先大學之道修己爲要
爾師生其敬勉之欽哉故諭
嘉靖十二年春三月十六日
穆宗莊皇帝勅諭國子監師生

朕以眇躬纘承鴻緒兼總億兆君師之責深惟
古昔帝王臨御天下莫不建學立師宣明教術
育賢善世以底休平朕甚慕之思與宇内之士
臻於斯路爰循舊典紀元之初躬視太學祗謁
先師孔子因進爾師生講解經義厥禮告成爾師
生其曷以稱塞朕意夫學較之設以明人倫也
五倫之道根於性命之自然而推極其用則化
成天下恒必繇之六經垂憲炳如日星所以發
揮斯道者甚備會其旨要身體而力行之以措
諸事業非今日教學之所急歟朕方立極綏猷

為天下先爾等其夙夜祇懋相與講求經術之

徵惇敘彝倫之大期於體立用廣以成化於今

上追古雍熙大和之盛無令唐虞三代得專其美不亦善乎若乃徒事詞章離經畔道卒忘其性命之實而靡適於世用非所望於爾師生者也欽哉故諭

隆慶元年八月勑也

帝即位未幾即遣官祭先師孔子及啓聖公是月癸未車駕幸北太學行釋奠禮

命大臣徐階等分奠四配十哲及兩廡焉既竣事

上御彝倫堂武官都督文官三品以上皆
命坐賜茶祭酒司業坐進講
上諭諸生曰聖人之道如日中天講究服膺用資治
理諸生其勉之大哉
聖言乎所當與星河日月並垂琬琰之傳不足擬矣
神宗顯皇帝勑諭國子監師生
朕惟人君化民成俗學較爲先我
祖宗列聖致治之隆率循茲軌朕以冲眛纘承洪業
四載於茲
南北郊禋殷禮咸秩茲率舊典祗謁

先師孔子肆舉釋奠之儀進爾諸生講論治理厥
禮告成夫爲治之道貴在力行立教之方務求
諸巳朕方責實考成率作興事惟爾師生均有
修巳治人之責者尚益加毖勉懋乃教學助宣
風化之原翊贊文明之治欽哉故諭
勅以萬曆四年八月初四日
禮部疏請申飭監規
詔曰國子監學規
祖宗朝戒諭甚嚴所以教化大行人才稱盛近來傲
惰成風恬不畏法并一二文具亦盡廢弛士習

如此安望用之異日這所議有關風教依擬着
實申飭毋事虛文
萬曆三十四年冬十二月二十七日
是時國學大壞矣
天子深居九重而能洞觀其流失至形之
詔令并一二文具亦盡廢弛勉司教者以毋事虛
文
聖人之言萬世則焉今官師庶士有不奉若
先王遺訓功令自蹈匪彝以致速戾於厥躬者請觀諸

事紀小序

一代創制顯庸

聖明垂憲諸官師齋恪稟承其舉動自有赫然耳目者然而當時懿鑠過則已焉無紀是無事蹟也譬如人身不能留識烏在其必信必傳乎古者周有天下封三恪作賓王家故不忘前王明德而豐大其後亦俾之謹司府藏守遺文於不墜厥義深焉乃至春秋定哀之世而文獻不足夫子欷歔憑弔爽然傷之夏殷之有杞宋猶周之有魯也杞宋難言已周禮在魯得吾夫子本從

周之志多方揚厲雖遭暴秦燔棄不墜人能弘
道豈不信與周官有內史詔王善敗有外史以
掌四方之志其致嚴如是仲尼閔俗昏亂史職
廢作春秋以存王迹自繫易外尚書詩或陳王
道或貢風俗而皆力爲之修明是則仲尼之紀
也今成均首善治化權輿
高皇帝隆儒重道作則於前
列聖紹庭化熙蘋藻中間臨雍釋奠褒厲學官之舉
代不乏書而今事邈前聞耿光不流簡冊亦豈
所以傳皇道昭盛美乎學士耻之作事蹟紀

南雍志卷之二

事紀本末

蓋頃自比次雍乘捃摭遺跡益歎内外史職之重也

穆宗

神宗朝事本監有堂稿可考間爲祝融所有河南道報章事與南雍關者猶可覆視

世廟去今幾何而堂稿唯三十九年伊始餘不可問河南道存報則始四十年旋考黄冊戶垣萬曆初年不絶如帶至部寺諸地則猶蕩焉無有存

者以故但從實錄略識大小司成暨六館除遷與一二奏議文集大者存其梗槩使

神廟初年即修葺先朝之志何至漏逸如此金陵文獻甲天下部院國學循爾況天下郡縣要荒萬里者哉乘時紀載是所望于志林者

事紀

壬午 嘉靖元年秋七月陞南監祭酒汪偉爲南京禮部右侍郎以魯鐸代之冬十二月魯鐸以久疾未痊疏乞休致

上不允趣起視事司業則正德十六年十月所陞郭

維藩也維藩字价夫大梁儀封人謂太學賢士
所關毅然修復師氏之教日端坐帷中與六館
諸博士弟子講授經業士習一正
癸未 嘉靖二年春三月祭酒魯鐸以病在告即其家
改南監祭酒鐸引疾乞休請至再許之
勑有司俟其病愈奏用夏四月刑部尚書林俊言祭
酒魯鐸道足以鎮雅絀浮學足以廉頑立儒宜
如弘治間起謝鐸例不宜聽其養疾閒居疏
下所司尋陞鐸別任以翰林院侍讀崔銑爲祭酒銑
開誠心崇正義明教條嚴祀事正文體獎雋彥

警輕惰禁遊戲清廩餘革蠧耗諸生朝夕問難
饗荅不倦周貧佚老問疾賻喪因議大禮抗疏
勸
上勤聖學辯忠邪以回天變自分被逮已而報休諸
生愕然如失怙恃銑行不役一夫囊無江南一
物公卿及諸生送者千餘人而渡江者又數十
人羣拜潸然泪下其教學者曰道在五倫學在
治心功在慎獨學士少師夏言嘗贈詩有云一
字不曾遺政府十年始得見先生蓋眞不愧師
鐸者也六月吏部覆南京吏部尚書楊旦奏南

監監生數多撥歷壅滯請府部諸司量增歷事
人數併請三月考勤附選如在京例報可

甲申　嘉靖三年春二月助教陳瑞由北監改南任秋
八月南京國子監祭酒崔銑以災異自陳求退
令致仕陞翰林院侍讀湛若水爲南監祭酒

乙酉　嘉靖四年

丙戌　嘉靖五年改監丞林琨爲長史秋九月
詔以故禮部尚書薛瑄從祀孔子廟庭

丁亥　嘉靖六年春正月
命錄顏氏裔孫嗣愼襲五經博士

戊子嘉靖七年夏四月陞南京國子監祭酒湛若水
爲南京吏部右侍郎進所撰聖學格物通一百
卷
上以其書留覽陞左春坊左庶子兼翰林院侍講張
邦奇爲南監祭酒邦奇自兒時傾志聖賢之學
里生或呼與偕遊則曰吾見夫帝治之汚隆人
才之進退遊說之縱橫兵戰之勝敗儒論之哆
濶仙釋之幻化與夫山林川澤標其竒風雨露
雷呈其異草木魚鳥媚其機象緯祥祲彰其詭
目無殫睇而神無留應孰與攜手蹋足之爲娛

乎沉酣六經鈎稽百氏非其人不交非其物不
取時然後言擇地而蹈之縉紳皆目爲大雅君
子秋八月南監司業江汝璧以起復陞任援
恩詔請給父母封贈吏部覆稱前例自天順二年
累朝行之
上曰既係
累朝巳行之例實我
祖宗廣愛敬之意如例給與按汝璧初與湛若水闡
明聖學正巳端表嚴飭規條暇日又取二十一
史删校譌謬疏

請頒刻一時經史之學爲之大明士習丕變冬十
一月
賜故國子監祭酒魯鐸祭葬謚文恪鐸湖廣景陵
人以進士改庶吉士授翰林編修陞國子司業
進南監祭酒即移疾歸鐸嘗奉使夷邦却金珠
之餽及在告絕跡公門日集後進之士講授經
義臺臣交章薦之不起卒之日貧不能葬巡撫
湖廣都御史朱廷聲爲
請卹典故事四品文臣例無祭葬贈謚
上以鐸清節著聞特令有司治葬仍賜之謚不爲例

錦衣衛千戶沈麟奏

請命官校勘歷代史書刊布天下

下禮部議尚書方獻夫等言史書多殘缺必翻刻

而後可垂示久遠若五代以上諸史惟宋板爲

工多蓄於江南富民之家宜命官購索付之梓

上曰翻刻書籍雖係右文之事但差官購索民間古

板未免騷擾反滋奸弊姑已之第令南京禮工

二部將南京國子監所存舊板用心翻閱修補

以便傳布

己丑 嘉靖八年

庚寅嘉靖九年春三月張璁上疏曰臣切惟先師孔子有功德於天下萬世天下祀之萬世祀之其祀典尚有未安者不可不正臣謹采今昔儒臣所議上

請

聖明垂覽仍行禮部通行集議一洗前代相胥之陋永爲百世可遵之典臣無任願望之至一謚號臣謹按漢平帝元年初追謚孔子曰褒成宣尼公唐玄宗追謚爲文宣王元武宗加大成至聖文宣王宋姚燧曰孔子卒哀公誄之子貢以爲

非禮至平帝時始封謚襃成宣尼公葢王莽假
以收譽遂其謀奸也
國初大學士吳沉孔子封王辯曰後世之禮有甚
似而實非者不可不察也且以追謚夫子爲王
言之夫子聖人也生不得位殁而以南面之禮
尊之似矣然王君之號也夫子人臣也生非王
爵死而謚之可乎哉昔者夫子嘗有言曰必也
正名乎又曰名不正則言不順臣而王之於名
正乎於言順乎春秋之時列國有僭王稱者矣
麟經之筆削而黜之蓋名者實之著也無其實

有其名謂之淫名夫子之生也不獲有尺寸之土今而以有天下之號歸之在天之靈其肯歆之哉嗟夫有德必有位理之常也有其德而無其位此則夫子之不幸也曾謂以無實之稱而足爲聖人榮乎或曰夫子之道王者之道也謂仲尼素王其來久矣奚至今封之而不可吁謂夫子有王者之道則可謂夫子自有王者之號則不可昔夫子病子路使門人爲臣夫子責之曰久矣哉由之行詐也無臣而爲有臣夫無臣不可以有臣非王而可以稱王乎聖人不敢欺

天也人其可以欺聖人乎然則常若之何曰夫子之澤不被於當時而其教實垂於萬世褒之以王之貴曷若事之以師之尊乎書曰天降下民作之君作之師古者君師治教之職不分君即師也師即君也二帝三王盡君師之責者也若夫子則不得君而爲師者也師也者君之所不得而臣者也故曰雖詔於天子無北面所以尊師也彼以王爵之貴而隆於稱師者習俗之見也考之經在當時聖門高第之稱其師有曰孔子有曰夫子其孫子思直字之曰仲尼蓋夫

子既無爵謚則稱之者不曰仲尼則曰夫子觀其門人弟子之不敢過號其師則知以無實之謚加於聖人必非聖人之意也天下之論每病於狥同惡異而不出乎至公至當之理談夫子之封王則必相與和之以爲誇大矣謂夫子不當封王則必相與咻之以爲狂怪矣吁此所以行之數百年之久而未有敢議其非者彼之不敢議其非者必曰我畏聖人也畏天下之罪已也若吾之說則雖得罪於天下不憾也懼得罪於聖人而已曰請問今將何以尊聖人曰在明

其道不在於王不王又前布政夏寅作政監曰唐玄宗開元既尊老子爲玄元皇帝尊太公爲武成王則追謚孔子有不得而鈌然者也夫自漢元始初追謚孔子以來歷魏晉隋唐各有加封然釋奠於學校止稱先師豈可專以開元二十七年李林甫不學無術之謬制爲萬世成式乎且宣之一字於謚法爲輕當時不過以配太公武成之號豈足以賛孔子大聖人乎且歷世帝王所以尊孔子者尊其道也道之所在師之所在也故以天子而尊匹夫不嫌於屈使孔子

無其道雖王天下豈足以當萬代帝王之祀由是而言稱帝稱王皆未爲當豈若稱先聖先師之合禮乎又前祭酒丘濬論曰後世尊孔子始夫漢平帝之世是時政出王莽姦僞之徒假崇儒之名以收譽望文姦謀聖人在天之靈不受之也必矣有若曰自生民以來未有盛於夫子者也豈一言一行之善而可以節惠立謚也哉然則不加以謚號將何以稱曰千萬世之下惟曰先師孔子以見聖人所以爲萬世尊崇者在道不在爵位名稱也又曰夫自漢平帝追謚孔

子爲宣尼公後世因謂孔子爲宣父又謂爲宣
尼至開元又加文與宣爲謚然文之爲言謚法
有所謂經天緯地者也孔子亦曰文王旣沒文
不在茲乎以是謚之固亦幾矣若夫宣之爲言
謚法之美者不過聖善周聞而已豈足以盡吾
聖人之大德哉况唐未加聖人是謚之前而北
齊高洋李元忠南齊蕭子良隋長孫賢之數人
者固先有此謚矣天生聖人爲萬世道德之宗
主稱天以誄之猶恐未足以稱其德彼區區荒
誕之稱汙下之見何足以爲吾聖人之輕重哉

又曰自古謚號必加以實字未有用譬喻之語者成之言出於尚書大成之言出於孟子成者樂之一終也孟子以樂之始終兼聖智之全譬喻孔子之聖兼伯夷伊尹柳下惠之清之任之和而時出之蓋假設之辭非眞實之德也加此二字於至聖文宣之上固於聖德無所增益也臣觀孔子作春秋切切於華夷之辯毫髮不肯假借正恐後世夷狄或至犯我中國之分防微杜漸無所不至豈意萬禩之後千有八百餘年天翻地覆而有蒙古之禍也哉由是推之聖人

之心臣恐其在天之靈必不受之也附論易曰大哉乾元乃統天至哉坤元乃順承天孟子之擬孔子也以大擬三子也以至誠以孔子固大而且至也樂之成射之至雖皆翕闢而大與至則實義也竊以爲大成至聖雖出於元而兼擬之乃盡或議者見未及此耳

一章服臣謹按唐玄宗開元間詔追謚文宣王仍出王者衮冕之服以衣之宋眞宗祥符間加先聖冕服桓圭一從上公之禮冕九旒服九章宋徽宗崇寧間始詔冕用十二旒衮服九章金世宗大定間大成殿聖像春秋祭時只設主祭可也及按洪武年間新創南京太學止用神主不可塑像今國子監有塑像者不過

因前元之舊不忍毀擲以此觀之冕十二旒衣
十二章實因前元之舊非
聖朝之制丘濬論曰臣按塑像之設中國無之至
佛教入中國始有也三代以前祀神皆以主無
有所謂像設也彼異教用之無足怪者不知祀
吾聖人者何時而始爲像云觀李元瓘言顏子
立侍則像在唐前已有矣嗚呼姚燧有言北史
敢有造泥人銅人者門誅則泥人固非中土爲
主以祀聖人法也後世莫覺其非亦化其道而
爲之郡異縣殊不一其狀長短豐瘠老少美惡

惟其工之巧拙是隨就使盡善亦豈其生平盛
德之容甚非神而明之無聲無臭之道也
國初洪武十四年首建太學
聖祖毅然灼見千古之非自夫子以下像不土繪祀
以神主數百年夷教乃革嗚呼盛哉夫國學廟
貌非但以爲書生瞻仰之所而
天子視學實於是乎致禮焉夫以冕旒之尊而臨夫
俎豆之地聖人百世之師坐而不起猶之可也
若夫從祀諸儒皆前代之縉紳或當代之君子
君拜於下而臣坐於上可乎臣知非獨名分之

乖舛而觀瞻之不雅竊恐聖賢在天之靈亦有所不安也或者若謂既以摶土爲之事之以爲聖賢一旦毀之而爲泥滓似乎不恭竊觀

聖祖詔毀天下城隍塑像用其土泥壁以繪雲山載在令甲可考也矧所塑者特具人形耳豈眞聖賢之遺貌哉程頤論人家祖宗影有一毛不類則非其人彼親見其人而貌之有毫髮不肖似尚非其人況工人隨意信手而爲之者哉臣惟

文廟之在南京者固已行

聖祖之制今京師國學乃因元人之舊正統中重修

廟學惜無以此上聞者倘有以聞未必不從今
天下郡邑恐於勞民無俟改革惟國學乃
天子臨視之所乞如
聖祖之制以華千古之夷教如儒臣宋訥所云者誠
千萬世儒道之幸仰惟
聖祖有大功於世教不數此其一也發揚
祖宗之功烈亦
聖子神孫繼述之大者一籩豆樂舞臣謹按唐開元
間詔祀先聖樂用九宮舞用六佾宋徽宗大觀
間賜禮器一副內籩十簠全豆十蓋全

國朝成化十三年用禮部尚書周洪謨議

詔增六佾舞爲八佾加籩豆爲十二前祭酒章懋

論曰按國學之制舊有十籩十豆故增爲十二

籩豆蓋尊以

天子之禮也郡縣之祭舊惟八籩八豆今增二焉止

爲十籩十豆而已而通行天下謂之十二籩豆

其說未明行禮者尚詳審之又夏寅曰籩豆增

爲十二六佾增爲八佾臣當時論奏以爲十二

籩豆八佾惟太學可行此

皇上所自祭也若十三布政司各府行之則祭禮僭

矣蓋
天子之禮所以用於太廟郊天古之諸侯惟杞宋王
者之後得用先代禮樂他惟周公有大功魯用
天子禮樂孔子亦不欲觀以其僭也況於今各府可
用
天子禮樂乎臣竊惟夏寅之論所以矯當時之失其
曰
天子之禮所以用於太廟郊天誠然矣然孔子敬天
之心八佾十二籩豆之禮肯安然享之而同於
天乎魯用

天子之禮樂孔子誠不欲觀之矣然惟孔子尊君之心八佾十二籩豆又豈肯安然享之而同於天子乎〔附論〕孔子帝王師也親與師一也帝王自用其禮樂以祭其師原不以分拘也如以分拘則天子眞不宜拜矣天子親拜而不用天子之禮樂以祭乎

一配享臣謹按自唐以前先聖先師周公南向孔子東向坐至玄宗開元間始正孔子南面之位顏回唐貞觀間詔配享曾參孔伋俱宋咸淳配享孟軻元豐間配享宋洪邁曰自唐以來相傳以孔門高弟顏淵至子夏爲十哲坐祀於廟堂上其後升顏子配享則進曾子於堂居子夏之次以補其闕

然顏子之父路曾子之父點乃在廡下從祀之列子處父上神靈有知何以自安所謂子雖齊聖不先父食正謂是也又姚燧曰江之左進曾子子思並顏孟則躋子張於曾子之舊由孟子而視子思師也由子思而視曾子又師也子思孔子孫也弟子於師孫於祖坐而語道者有之非可並南面燧知四子已避讓於冥冥中不能一日自安其身一堂之上況又祀無繇點鯉於庭其失在於崇子而抑父夫爲是學宫將以明人倫於天下而倒施錯置於數筵之地如此奚

以爲訓又熊禾曰宜別設一室以齊國公叔梁紇居中南面顔路曾晳孔鯉孟孫氏侑食東嚮西春秋二祀當先聖酌獻之時以齒德之尊者爲分獻官行禮於齊國之前其配位亦如之如此則可以視有尊而敎民孝矣又謝鐸奏曰學校之設皆所以明人倫也人倫莫先於父子子雖齊聖不先父食柰何仍訛襲故以顔曾思三子配享堂上而其父則皆列祀廡下冠履倒置有是理哉爲今之計莫若別於闕里立廟祀叔梁紇而配以顔路曾晳孔鯉諸賢如先儒熊去非

之論庶幾各全其尊而神靈安妥也又前侍講學士程敏政奏曰自唐宋以來以顏子曾子子思孟子配享坐堂上而顏子之父顏無繇曾子之父曾點子思之父孔鯉皆坐廡下臣考之禮子雖齊聖不先父食而三代之學皆所以明人倫也夫孔子之所以爲教與諸弟子之所以爲學者不過明此而已今乃使子坐於上父坐於下豈禮也哉若以爲此乃論傳道之功則自古及今未有外人倫而言道者縱出於後世之尊崇非諸賢之本意臣恐諸賢於冥冥之中必有

不安於心而不敢享非禮之祀者臣考之元至
順三年嘗封顔無繇爲杞國公孟子之父孟孫
氏亦嘗封邾國公臣愚乞
下有司於各處廟學別立一祠中祀啓聖公以杞
國公顔無繇萊蕪侯曾點泗水侯孔鯉邾國公
孟孫氏配享庶不失以禮尊奉聖賢之意臣又
竊覩聖學失傳千五百年至程朱出而後孟氏
之統始續則程朱之先亦不可缺況程子之父
大中大夫封永年伯程珦首識濂溪周子於屬
吏之中薦以自代而又使二子從遊朱子之父

韋齋先生追謚靖獻公朱松臨歿之時以朱子托其友籍溪胡氏而得程氏之學珦以不附王安石新法退居於洛松以不附秦檜和議奉祀於閩其歷官行已俱有稱述臣愚乞將永年伯程珦靖獻公朱松從祀啓聖公使學者知道學之傳有開必先明倫之義不爲虛文矣臣謹按

孝宗皇帝實錄載謝鐸所陳三事謂叔梁紇立廟及吳澄從祀事鐸與學士程敏政嘗言之俱以廷議不合而止一從祀臣謹按程敏政奏曰唐貞觀三十一年始以左丘明等二十二人從祀孔

子廟庭蓋當是時聖學不明議者無識拘於舊註疏謂釋奠先師如詩有毛公禮有高堂生書有伏生之類遂以專門訓詁之學爲得聖道之傳而併及馬融等行之至今誠不可不考其行之得失與義之可否而釐正於大明有道之世也臣考歷代正史馬融初應鄧騭之召爲秘書歷官南郡太守以貪濁免官髡徙朔方自刺不死又不拘儒者之節前授生徒後列女樂爲梁冀草奏殺忠臣李固作西第頌以美冀爲正直所羞卽是觀之則衆醜備於一身五經爲之掃

地後世乃以其空言目爲經師使侑坐於孔子之庭臣不知其何說也劉向初以獻賦進喜誦神仙方術嘗上言黃金可成鑄作不驗下吏當死其兄陽城侯救之獲免所著洪範五行傳最爲舛駁使箕子經世之微言流爲陰陽術家之小技賈逵以獻頌爲郎不修小節專一附會圖讖以致貴顯蓋左道亂政之人也王弼與何晏倡爲淸談所註易專祖老莊而范甯追究晉室之亂以爲王何之罪深於桀紂何休則止有春秋解詁一書黜周王魯又註風角等書班之於

孝經論語蓋異端邪說之流也戴聖爲九江太
守治行多不法懼何武劾之而自免後爲博士
毁武於朝及子賓客爲盜繫獄而武平心決之
得不死則又造謝不慚先儒謂聖禮家之宗而
身爲贓吏子爲賊徒可爲世鑒王肅在魏以女
適司馬昭當是時昭簒魏之勢已成肅爲世臣
封蘭陵侯官至中領軍乃坐觀成敗及毋丘儉
文欽起兵討賊肅又爲司馬師畫策以濟其惡
若好人佞已乃其過之小者杜預所著亦止有
左氏經傳集解其大節益無可稱如守襄陽則

數饋遺洛中貴要給人曰懼其爲害耳非以求
益也伐吳之際因斫瘿之議盡殺江陵之人以
吏則不廉以將則不義凡此諸人其於名教得
罪非小而議者謂能守其遺經轉相授受以待
後之學者不爲無功臣竊以爲不然夫守其遺
經若左丘明公羊高穀梁赤之於春秋伏勝孔
安國之於書毛萇之於詩高堂生之於儀禮后
倉之於禮記杜子春之於周禮可以當之蓋秦
火之後惟易以卜筮僅存而餘經非此九人則
幾乎熄矣此其功之不可泯者以之從祀可也

若融等又不過訓詁乎九人所傳者耳況其書行於唐故唐始以備經師之數祀之今當理學大明之後易用程朱詩用朱子書用蔡氏春秋用胡氏又何取於漢魏以來駁而不正之人使安享天下之祀哉夫所以祀之者非徒使學者誦其詩讀其書亦將識其人使之尚友也臣恐學者習其訓詁之文於身心未必有補而考其奸諂淫邪貪墨怪妄之迹將自甘於效尤之地曰先賢亦若此哉其爲儒害道將有不可勝言者矣至於鄭衆盧植鄭玄服虔范甯五人雖若

無過然其所行亦未能以窺聖門所著亦未能以發聖學若五人者得與從祀則漢唐以來當祀者尚多臣愚乞將戴聖劉向賈逵馬融何休王肅王弼杜預八人褫爵罷祀鄭衆盧植鄭玄服虔范甯五人各祀於其鄉后蒼在漢初說禮數萬言號后氏曲臺記戴聖等皆受其業蓋今禮記之書非后氏則不復傳於世矣乞加封爵與左丘明等一體從祀則僞儒免欺世之名賢者受專門之祀而情文兩得矣又曰孔子弟子見於家語自顔回而下七十六人家語之書出

於孔子當得其實而司馬遷史記所載多公伯寮秦冉顏何三人文翁成都廟所畫又多蘧瑗林放申棖三人先儒謂後人以所見增益殊未可據臣考宋邢昺論語註疏申棖孔子弟子在家語作申續史記作申黨其實一也今廟庭從祀申棖封文登侯在東廡申黨封淄川侯在西廡重復無稽一至於此且公伯寮愬子路以阻孔子乃聖門之蟊螣而孔子稱瑗爲夫子决非及門之士林放雖嘗問禮然家語史記邢昺註疏朱子集註俱不在諸弟子之列秦冉顏何疑

爲字畫相近之誤如申棖申黨者但不可考耳
臣愚以爲申棖申黨位號宜存其一公伯寮秦
冉顏何蘧瑗林放五人既不載於家語七十子
之數宜罷其祀若瑗放二人不可無祀則乞祀
瑗於衛祀放於魯或附祭於本處鄉賢祠仍其
舊爵以見尊崇賢者之意亦庶乎名實相符而
不外於禮也又曰洪武二十九年行人司副
楊砥建議請黜楊雄進董仲舒
太祖高皇帝嘉納其言而行之主張斯道以淑人心
可謂大矣然荀況楊雄實相伯仲而況以性爲

惡以禮爲僞以子思孟子爲亂天下以子張子夏子游爲賤儒故程子有荀卿過多楊雄過少之說今言者欲並黜況之祀宜也然臣竊以爲漢儒莫若董仲舒唐儒莫若韓愈而尚有可議者一人文中子王通是也通之言行先儒之論已多大約以爲僭經而不得比於董韓云爾臣請斷之以朱程之說程子曰王通隱德君子也論其粹處殆非荀楊所及若續經之類皆非其作然則程子豈私於通哉正因其言之粹者而知其非僭經之人耳朱子曰文中子論治體處

高似仲舒而本領不及爽似仲舒而純不及又曰韓子原道諸篇若非通所及然終不免文士之習利達之求若覽觀古今之變措諸事業恐未若通精到懇惻而有條理也至於河汾師道之立出於魏晉佛老之餘迨今人以爲盛則通固豪傑之士也今董韓並列從祀而通不與疑爲缺典臣又按宋儒自周子以下九人通列從祀而尚有可議者一人安定胡瑗是也瑗之言行先儒之論已詳大約以爲少著述而不得比於濂洛云爾臣亦請斷於朱程之說程子看詳

學制曰宜建尊賢堂以延天下道德之士如胡瑗張載邵雍使學者得以矜式朱子小學書亦備載瑗事以爲百世之法臣以爲自秦漢以來師道之立未有過瑗者矧程子於瑗之生也欲致其人與張邵並居於尊賢之堂其没也乃不得與張邵並侑於宣聖之廟其爲缺典甚矣況宋端平二年議增十賢從祀以瑗爲首若以謂無著述之功則元之許衡亦無著述但其身教之懿與瑗相望誠有不可偏廢者臣考之禮有道有德於教於學者死則爲樂祖祭瞽宗鄭先

生没則祭於社若通瑗兩人之師道百世如新
得加封爵使與衡同祀於學官最得禮意謝鐸
奏曰孔廟從祀之賢實萬世瞻仰所係有若龜
山先生楊時程門高弟伊洛正傳息邪放淫以
承孟氏不愧南軒所稱繼往開來吾道南矣實
衍晦翁之派雖晚節一出不克盡從其言而新
經之闢誠足以衛吾道而不預從祀之列臣竊
惑焉又若臨川郡公吴澄者進雖不爲不多行
檢則不無可議生長於淳祐貢舉於咸淳受宋
之恩者已如此之久爲國子司業爲翰林學士

歷元之官者乃如彼其榮處中國而居然夷狄忘君親而不耻仇虜昔人謂其專務聖賢之學卓然進退之際不識聖賢之進退果如是否乎如是而猶在從祀之列臣固不能以無惑况二人者皆太學之師其於廟祀黜陟之際尤不可以不正也舉人桂華議曰嘗讀宋史有蔡元定者史曰朱熹疏釋四書及易詩傳通鑑綱目皆與元定叅訂啓蒙一書則元定之藁又曰元定平生學問皆寓朱子書集又曰朱子論易推本圖書往往與元定往復而有發焉然則後朱熹

而生者於朱熹皆受罔極之恩惟元定獨惟有
功於朱熹死者可作朱熹之志可知也更復考
其所著成書有律呂新書皇極指要洪範解大
衍詳說等篇昔我
太宗編緝性理全書指要新書固已擢錄至於範數
雖止入其子沉之所著耳沉之所受則何自哉
觀其命沉之言汝宜演吾皇極數而真德秀又
謂範數西山獨心得之沉之受於元定蓋不由
師傳而自得之也可知矣先王制祀以死勤事
則祀之竊以元定蓋亦勤斯道而竄死與古以

死勤事者同所宜從祀臣謹詳敏政所奏率多
　正論可采弘治初曾奉
孝宗聖旨着禮部照例會官議率爲沮格不行及按
孝宗實錄云鏵議吳澄不當從祀尚書傅瀚力詆鏵
言爲謬又力稱前人之請爲有見不可遽易侍
郎焦方曰所謂前人者蓋楊士奇也今天下力
議其當柄用之際雖從祀大事猶能私庇其鄉
人可又襲其非耶瀚竟引禮所謂凡祭有其舉
之莫敢廢詩書所謂率由舊章監於成憲以文
其說於澄忘宋事元之大節略不及澄遂仍舊

從祀而鐸議皆寢論者謂士奇之以澄欺宣廟非特私其鄉人而措意亦有在瀚不悟此則惟溺鄉里之私而不顧君臣之大倫正道統之攸繫乃據爲舊章成憲再不可議然則楊時奏黜王安石之配享當時安石豈無朝命而配享哉特其命雖出自朝廷而事實由臣下阿私所親以誤朝廷而非天下之公議所以易之後世竟不以爲過也此豈橫私意於胸中者所能與哉臣又詳桂華之議蔡元定宜列祀典以協衆論之公也臣又按歐陽修乃有宋一代人物未與

從祀嘗觀其著本論實有翊衛聖道之功蘇軾曰自漢以來道術不出於孔氏而亂天下者多矣五百餘年而後得韓愈學者以配孟氏蓋庶幾焉愈之後三百有餘年而後得歐陽子其學推韓愈孟子以達於孔氏故天下翕然師尊之曰歐陽子今之韓愈也夫韓愈旣以從祀歐陽修豈可缺哉

上從璁議作正孔子祀典說改大成至聖文宣王爲至聖先師孔子四配爲復聖顏子宗聖曾子述聖子思子亞聖孟子從祀及門弟子稱先賢左

丘明以下稱先儒去塑像設木主罷公侯伯諸封爵申棖中黨二人存棖去黨寮冉何况聖向逵融休肅弼預澄十三人罷祀放瑗玄衆植虔甯七人祀於鄉進后蒼王通胡瑗歐陽修從祀又以行人薛侃議進陸九淵從祀改稱大成殿爲先師廟大成門爲廟門璁又引敏政說請別立祠祀齊公叔梁紇稱啓聖公孔氏以無繇點鯉孟孫氏配稱先賢珦松蔡元定從祀稱先儒撤無繇點鯉廟庭從祀從之〔附論〕野史曰史傳吳澄博通經傳用力聖賢之學嘗舉進士不中至元十三年民初附盗賊所在蜂起澄居布水谷著書後乃徵聘

起用宋舉進士與我當代異一不第仍布衣耳故伊川以布衣應徵聘澄秪宋時年少布衣爲祭酒尚在許衡之後其仕元殆未可深責也永嘉謂西楊庇澄措意自有在而已舉倡濮議之廬陵西楊而在當反唇矣此時公論已定姑附此以志闕疑夏六月陞南監祭酒張邦奇爲南京吏部右侍郎秋七月陞右春坊右賛善林文俊爲南監祭酒條教平實範人以身而人樂信從卽貴遊子一禀資敘井井無所紊有生遇盜緩期法當贖金將鬻子文俊惻然捐助吏議卒免其贖先是有

旨命國子監校刊二十一史未就公至躬率諸生讐校竄補恒至達曙不數月鋟梓上獻

聖心嘉悅每御文華殿指示元臣曰此祭酒林文俊
所刊書也嘗再疏乞休
上輒慰留有學行可取之褒編修張星攺司業
辛卯嘉靖十年秋八月起南京國子監司業陳寰居
原職冬十月南監祭酒林文俊上疏乞休致不
允十二月陞翰林院修撰馬汝驥爲南監司業
准納銀生員年二十四歲以下者本監定限放回
依親候明文行取作養又奏
准各衙門歷事監生三個月考勤之後仍歷一年
其餘寫本一年清黃寫誥清軍清匠三年以至

出巡等項俱照舊制日月爲滿方許更替其歷
事并出巡奏内既例該監生僉名凡事可否許
其公同議擬舉察奸弊

壬辰嘉靖十一年夏六月以歐陽德爲南京國子監
司業常課其諸生爲文詞德因引之於道作講
亭進四方來學者與諸生講論其間德固善論
說而誠意懇篤氣象平易士以故益親焉

癸巳嘉靖十二年夏五月陞養病左春坊左諭德王
道爲南監祭酒道執法端毅表率人才期於俗
變風美雖潛心理學而於世之立門戶相標榜

者則深耻之嘗言漢以前不聞有道學名其人品如張文成曹相國黃叔度管幼安皆眞道學之流雖二氏亦各有所見不可厚非蓋議論必根實得不爲浮聘者也

甲午嘉靖十三年春三月南監祭酒王道引疾請告歸以南京通政使司右通政費寀代之

乙未嘉靖十四年夏六月復除服闋南監司業張星原職秋七月改南監司業張星爲國子監司業

八月

上諭吏部改南京國子監祭酒費寀於北監時大學

士費宏方應
詔至京疏辭曰宋本臣弟不知者將謂臣始入朝
遽引用親黨脫物議將無以自明乞罷其調
上嘉宏謹飭特允其請九月南監祭酒費宋條奏太
學事宜六條一南監故有
先廟所降書籍久多殘缺請考監誌所載及近年
御製新刊諸書一體
頒賜仍將修完二十一史分給六館以備諸生講
習一舉貢恩官生入監者通當三千餘人而南
監正雜歷止二百七十人請將正雜歷每名遞

藏日月或令諸司量許添註仍查舊例放回依
親讀書一科道員缺乞將南監博士助教等官
一體行取以備選用一諸生歷滿還鄉凡遇鄉
試皆令所在巡按御史收考入試一南監自革
膳夫久無廟戶乃以法司囚徒灑掃請如北監
例改僉廟丁一本監號房故有一千餘間令所
司體勘修造仍將南監各官俸米改支折銀如
兩京文武百官事例奏上
下所司勘議以
聞已而吏部言先年監生十年乃得撥歷三年乃

得上選今到監未得一年即撥歷事歷事僅餘
一年即得上選皆相沿姑息之弊若又再減月
日添註撥歷則監生候選愈多選法愈冗流弊
愈不可捄矣其行取依親宜從其請所言各部
議覆皆允行之冬十月以江西按察司僉事提
學李舜臣爲南監司業
頒五倫書性理大全四書五經集註各一部於南
京國子監仍
詔本監監丞博士助教等官歲支本色俸米俱照
弘治十年事例每石折銀七錢著爲例俱從南

監祭酒費寀奏也十一月陞祭酒費寀爲南禮部右侍郎而以右春坊右諭德倫以訓爲南監祭酒仍諭吏部以兩京祭酒亦係重任以後如巡撫都御史例會官推舉著爲令

丙申　嘉靖十五年

丁酉　嘉靖十六年御史游居敬論劾王守仁湛若水僞學私剏因

詔罷各處私剏書院

戊戌　嘉靖十七年夏五月陞南監司業李舜臣爲南京尚寶司卿陞翰林院檢討李本爲南監司業

是時南祭酒倫以訓講告去以南京左通政馬汝驥轉是職驥前是爲司業者也秋八月禮部尚書兼翰林院學士掌詹事府事顧鼎臣奏爲崇植先賢系胄以隆道化竊惟堯舜禹湯文武周公之道傳至孔子而大明其德與功垂之萬世眞與天地同其高厚矣孔子傳之曾子曾子傳之子思子思傳之孟子不惟心相授受且筆之書以詔後世泄天地之精蘊揭宇宙之綱維滙六經之淵源掃百家之蹊徑考之論語大學中庸孟子所載如一貫之旨正心修身之學中

和位育之功性善誠明之說王霸義利之辯徵言妙道不一而足眞所謂爲天地立心爲生民立命爲往聖繼絕學爲萬世開太平者然則曾子之功豈小補哉暴秦坑焚之後道學不明漢司馬遷號稱有良史才其序孔門弟子列傳但曰孔子以曾參爲通孝經故授之業作孝經而巳唐韓愈切附於聖人之徒其序道統之傳直以孟子上接孔子他尚何說哉良由大學中庸二書混於戴記篇中不與論語並集學者莫知其爲道學之樞與而討論之是以時君世主徒

知推尊顏孟而忽於曾子子思自唐迄宋雖加曾子封爵而從祀猶列於十哲之後子思則杳無聞焉宋德隆盛治教休明仁宗始表章學庸二書而程顥程頤朱熹諸儒更相發明遡流窮源使天下後世曉然知正則道統授受之功曾子爲大而子思次之咸淳三年始封曾子爲成國公子思爲沂國公配享次于顏子躋于孟子之上而四配之位始正是千古不易之定論也

我

太祖高皇帝御極之初首詔孔氏子孫襲封衍聖公

并世襲知縣並如前代舊制固崇儒重道之宏
規矣弘治中因修顔子孟子廟特置世襲翰林
院五經博士各一人以主祀此
孝宗皇帝稽古右文之盛舉也夫曾子傳道之功優
于顔子而孟子私淑于曾子子思今顔孟子孫
皆世襲博士而曾子之後獨不沾一命之榮豈
非古今之闕典也哉當時典禮守土之臣曾無
一言及此者豈以曾子子孫散在四方亦歷世
久遠譜系不明恐有冒濫之弊歟臣嘗考之春
秋之時莒人滅鄫其太子巫仕魯去邑爲氏然

則曾子去受姓之祖甚近也後世凡曾姓者孰非曾子之子孫乎又訪正德年間令都御史錢宏任山東按察司僉事巡歷至嘉祥縣謁曾子祠墓因而訪求附近編氓中曾姓者得一農夫於深山中貌甚朴野詢之果曾子之後也不知錢宏當時何以不請於朝而復使之湮沒耶必以其人鄙陋不可厠衣冠之列故爾臣愚以爲先王興滅繼絕崇德報功其意甚遠其道甚廣不當因其子孫之無賢而遂已也臣自入仕以來見三氏子孫來朝輒有感於衷耿耿不忘幾

三十年矣特以地卑人微不敢輕率妄議耳茲

者恭遇

皇上親承道學之統丕宏禮樂之化釐正孔廟祀典

一洗前代陋規重勞

聖駕臨幸國學躬行釋奠之禮眞可謂功光

祖廟而垂範百里矣臣謬以章句之儒得預俎豆之

事欣榮鼓舞不能自已乃敢陳其愚見仰瀆

宸嚴夫亦數千載未備之典必有待於今日歟乞

勑内閣禮部擬議請自

聖裁准照弘治年間追崇顏孟二氏事例訪求曾氏

子孫相應者一人授以翰林院五經博士世世承襲俾守曾子祠墓兼主祀事萬世斯文不勝幸甚奉

欽依移咨都察院轉行山東撫按官親臨嘉祥縣查訪曾氏子孫詳考歷代支系之真及正德年間曾經都察御史錢宏所考農夫有無見在通拘到任督同縣學官吏諸生并高年父老逐一詢問務求的系曾氏正派子孫明白先行具奏以憑議處施行再照今去曾子之世上下千有餘年中間更歷變故子孫播越流寓豈無散而

之四方者如南豐曾氏鞏肇布兄弟並顯于宋
其家乘以爲出自曾子之後今其嫡派子孫亦
不知誰何宜仍通行天下大小衙門一體訪求
務得其人具實奏
聞但不許輕易起送前來以啓貪緣爭競之端
己亥嘉靖十八年春二月降刑科左給事中沈伯咸
爲南監監丞
命襲封衍聖公年少未學照公侯伯例送監讀書
習禮
庚子嘉靖十九年冬十月陞南京國子監祭酒馬汝

驥爲禮部右侍郎十二月以太常寺少卿兼侍
讀學士鄒守益爲南監祭酒給事中沈瀚陳言
落職降爲監丞
嘉靖二十年辛丑夏六月祭酒鄒守益因
宗廟之災自陳乞罷以彌天變臣聞隆古交修之訓
曰后克艱厥后臣克艱厥臣政乃乂黎民敏德
曰先王克謹天戒臣人克有常憲百官修輔厥
后惟明明故君而克艱則能以天之心爲心是
謂善事其天臣而克艱則能以君之心爲心是
謂善事其君昔在殷王中宗桑穀生於朝而

異亦甚矣訪於伊陟德以勝妖故嚴恭寅畏天命自度治民祗懼不敢荒寧肆中宗之享國七十有五年其在高宗飛雉升廟鼎而鳴孽亦甚矣聽於祖己克正厥事故嘉靖殷邦至於大小無時或怨肆高宗之享國五十有九年歷觀史冊鑒戒甚明或多難以興邦敬勝怠也或無災而殞祚怠勝敬也故修養之所以引年綿祚國家之所以祚天永命常人之所以至於聖賢其任重道遠決諸一念之眞純而已矣決諸眞純之一念無或轉搖而已矣邇者

天心仁愛火及
宗廟往古災變於今爲烈
陛下孝思懇切深自怨艾諭告臣工痛加修省至有
欲投火中之言與桑林自爲犧牲之禱異代而
同神即此一念
皇天厚土實共鑒之
高廟暨
列聖之神靈實共鑒之若保此真純無或轉摇雍雍
在宫肅肅在廟不顯亦臨無斁亦保務以
上天之心爲心則知人安民命德討罪綏萬邦而撫

四夷若決江河沛然無俟外求矣臣感極而泣
仰屋切歎以爲
皇上憂勤如此其切孝誠如此其至凡厥臣工休戚
一體股肱當竭其膂力耳目當竭其聰明務以
陛下之心爲心無或有懷私售欺以便身圖而負
國恩庶幾各守常憲以盡修補之義其能者宜洗
心盡瘁以共濟艱難而不能者宜引咎求退無
竊祿位而糜民膏脂伏念太學古稱豪俊之關
司成首任師儒之責而南畿又爲
國家豐鎬之重師道不立則善人不興善人不興

則善治不復其於政體樞紐匪輕我
高皇帝之規曰本監正官職專總理一應事物須要
整飭威儀嚴立規矩表率屬官模範後進不可
尸位素餐因而怠惰以臣之愚自知甚明學術
膚淺不能以宣暢聖道才識朴魯不能以練達
國體雖勉強鞭策欲效涓埃而終愧尸素宜先罷
黜若再持祿貪位以忝官箴將何以嚴交修之
實而廓維新之休乎伏望
聖慈將臣放歸田里遴選時彥以端化原庶修省以
實而災變可弭矣陞左春坊左諭德兼翰林院

侍讀龔用卿爲南監祭酒

壬寅　嘉靖二十一年祭酒龔用卿涖任

癸卯　嘉靖二十二年秋七月南京六科給事中張永明等劾南京國子監龔用卿闒茸汚濫宜罷下吏部議太學風教所關稍涉瑕玷即難居師席用卿當罷

詔改南京別衙門用八月陞右春坊右諭德兼翰林院修撰黃佐爲南監祭酒先是景泰七年祭酒安成吳節嘗修雍志略備梗槩姚讓梓之自南海黃佐來任祭酒念事蹟久而曠軼復加纂

輯斷自洪武至於正德爲紀四爲表二爲考十有二爲列傳六凡二十四卷上下槩括詳辯弘博諸生以姚讓故事各兢梓之南雍遂有成書焉冬十一月

命梁炫等歸國先是琉球國官生梁炫等四人遣學南監至是踰七年國王尚清因奏使移文禮部言諸生荷蒙作養頗曉文理年已長成兼本國乏人應用乞遣歸婚娶

詔給資糧驛騎遣人護歸

甲辰嘉靖二十三年十二月陞廣東按察司提調學

校副使程文德爲南監祭酒

乙巳嘉靖二十四年秋八月改南監司業李本爲右春坊右中允署掌南京翰林院事陞左春坊左司直兼翰林院檢討呂懷爲南監司業謫御史褒善爲博士

丙午嘉靖二十五年冬十月陞服闋南監祭酒黃佐爲詹事府少詹事兼翰林院侍讀學士十一月改南監司業呂懷爲右春坊右中允掌南京翰林院事十二月

詔南京國子監太常寺博士等官一體行取選用

從祭酒程文德奏也

嘉靖二十六年丁未春正月陞翰林院檢討盧宗哲爲南監司業會大司成缺守篆甚久宗哲遇諸生有恩而不廢法士論稱之

嘉靖二十七年戊申春二月陞左春坊左中允李本爲南監祭酒未任陞浙江左布政使李默爲太常寺卿掌南監祭酒事默曾著輿地圖說數卷世宗覽其書嘉悅將大用之至是視監篆日集六館生條規儀法皆度所易行著爲令教乃大洽尋遷去未幾用爲吏部尚書爲嚴相所搆竟斃獄

中

己酉嘉靖二十八年冬十一月陞太常寺卿掌南監祭酒事李默爲禮部右侍郎

庚戌嘉靖二十九年春二月起服闋南京祭酒程文德居原職夏五月陞南監祭酒程文德爲禮部右侍郎六月陞右春坊右贊善兼翰林院檢討閭樸爲南監祭酒

辛亥嘉靖三十年秋九月奪南京吏部尚書屠楷等俸一月南監祭酒閭樸未任而罷冬十月陞左春坊左諭德茅瓚爲南京祭酒瓚至則扁所寓

之堂曰身教律已嚴恪嶽嶽養重士承教指惟謹十二月陞南監司業盧宗哲爲南京尚寶司卿

壬子 嘉靖三十一年

癸丑 嘉靖三十二年冬十一月改南監祭酒茅瓚爲國子監祭酒十二月陞右春坊右諭德兼翰林院侍講尹臺爲南監祭酒將行嚴嵩舉卮酒曰何以別不穀臺從容請曰楊繼盛狂言自取死苐願相公勿詒主上有殺諫臣名嵩避席謝臺退爲司業王材述其

事因屬之王徑謁嵩以請嵩諾而曰昨尹司成
嘗及此而私心猶豫未决諜諸鄢懋卿懋卿持
不可竟論死海内人士稍知王之抹楊而莫知
其爲臺所屬也

甲寅 嘉靖三十三年

乙卯 嘉靖三十四年冬十一月陞右春坊右諭德王
維楨爲南監祭酒

丙辰 嘉靖三十五年

丁巳 嘉靖三十六年

戊午 嘉靖三十七年

己未嘉靖三十八年春三月陞翰林院檢討馬一龍爲南國子監司業秋八月陞翰林院侍讀學士秦鳴雷爲南監祭酒鳴雷先後兩典成均握文衡號稱多得士若冢宰陳有年宫保梁夢龍司馬王一鶚太史習孔教大學士王錫爵皆所亟賞甄拔人服其藻鑑冬十二月復除服闋南監祭酒沈坤爲國子監祭酒

庚申嘉靖三十九年春二月甲辰議濟大工當預處財用許監生人貲授冠帶謁選旋又推廣事例以佐

國計巳酉
命南京吏部右侍郎尹臺子重民癸亥
命南京戶部右侍郎黃懋官子鳴坊俱送監讀書
三月壬辰司業馬一龍引疾請告夏四月庚戌
廵按山西御史楊美益以未任南監祭酒閻樸
可備
清朝重臣列之薦剡請及時起用丁巳司業馬一
龍復上疏辭疾聽之壬戌
命四川廵撫黃元昇子喬棟送監讀書五月丙子
刑部河南司主事鄒善為其父原任南監祭酒

鄒守益乞以前職致仕巳卯廕貴州巡撫高翀
子年送監靖叛苗功也辛卯原祭酒鄒守益奉
命致仕
詔逮繫祭酒沈坤訊治坤家居迫於倭寇督率鄉
里捍衛遠近依附者衆有犯令者輒行榜笞爲
御史林潤所劾士論冤之六月癸丑魯府缺審
理正等官
詔以援例監生補其任乙卯祭酒秦鳴雷等進助
工銀一百九十兩
命付工部秋七月辛未陳謹由尚寶司司丞補南

監司業九月乙丑江西巡撫何遷薦舉原任南
祭酒鄒守益冬十月巳亥鄭光庭以其父兩廣
侍郎絅廕送監讀書十二月癸丑總督胡宗憲
奏請忠勇陣亡贈廕
詔贈蔡汝蘭鎮撫蔡啓元太僕寺寺丞廕一子蔡
渭等總督軍門厚加優卹按諸蔡浙江人合力
禦倭一家死難如歸亦曠見云
辛酉嘉靖四十年夏四月壬辰
命南京兵部右侍郎丁以忠廕子比周送監讀書
丙午

詔預處財用納職監生得授冠帶五月庚辰原任
南監祭酒沈坤乞
恩俯憐宽病
詔付法司未幾卒于獄中乙卯吏部薦舉原任南
京國子監司業林樹聲六月甲戌祭酒秦鳴雷
自陳不職
上不准辭七月營修
文廟墻垣冬十月乙酉江西廵撫張元冲等薦舉
原任南監祭酒鄒守益
壬戌嘉靖四十一年春正月戊申禮部缺左侍郎推

南監祭酒秦鳴雷二月甲申秦鳴雷補太常寺
視國子監事癸酉
命原任瑞州府知府宋以方孫一范送監讀書秋
七月辛卯視國子監事祭酒秦鳴雷恭賀戡平
廣東逆賊張璉其表云伏以
聖人均覆育以安民遐邇實同乎一體
明主詰戎兵以除害威靈誕播於萬方時雨降而望
慰黔黎太陽照而氣消氛沴慶闢
宗社懽動寰區恭惟
皇上文武生知

聖神廣運體陽和而育物甄陶盡動植之微凝秋肅
以鋤奸制馭極華夏之遠故凡含齒食毛之屬
莫不尊親豈期環圖編戶之民敢犯法紀靡草
獨焦於長夏妖禽自取於覆巢枕籍僥平罔恤
危同燕雀嘯連閩贛徒知恣逞螳螂始由封疆
之臣不戒其漸遂使蜂蠆之毒肆中于民在盛
世患若疥瘍曾何捐於潢池之赤子顧
聖朝治歷宵旰忍獨遺乎嶺表之蒼生訏謨上協于
天心坐
廟堂而勝决千里神武默承於玄祐鼓將士而攻收

萬全元惡就擒何啻驅鱷魚之暴群邪歸化佇
看散蜂蟻之屯歌七德以告成奠四民於樂業
是蓋七旬底績震庭之治益光一怒舉安周家
之祜彌篤誠足以開太平於萬世邁膚功於千
古者也臣等恭逢凱奏濫職賢關覩偉績以揄
揚愧乏勒燕之筆守遺經於章句慚無諭蜀之
文敢後颺言特充率舞伏願文經武緯近悅遠
來內順外威肇
皇圖於億載風行雷動訖聲教於八荒薦承
上帝之休永錫生民之福

上覽其奏付禮部九月巳亥巡按直隸御史黄希憲
上言時政利弊革濫進以清選法臣惟
祖宗稽古建官以爲斯民造福非厲民也故我
皇上軫念黎元凡庶官之貪殘者甞從言官論列而
黜罷之矣但不慎其始難責其終今之所以蠹
政殃民者則又在於援例監生之太濫吏承官
秩之輕授者焉自昔庶官用人惟由科目出身
進士舉人歲貢監生得以除授府州縣正佐等
官此外雜流者不得並用於是時和歲稔物阜
民安今則援例之途日多銓選之法日壅夫生

員納粟固不得已矣而又開以俊秀之途蓋援例監生與俊秀子弟率多年稚無知膏粱豢養罔思稼穡之艱難弗念生民之困苦一旦授之以政則恣肆無耻惟求囊橐之盈至如吏農往時皆書辦各衙門積有年勞考中本等者然後授以州縣佐貳等官今則開加納之例納銀粟之多者即授以州判縣佐等官而貧窮寒苦積有案牘之勞者乃壓而不得就選又其甚者每遇開選之期多揭債於京倍加利息以求美缺建夫到任未幾而索債者虎坐衙内焉得不剝

民之膏血浚民之骨髓以償所捐之債乎民生愁苦上干天和水旱頻仍率由於此則夫天下之蠹政殃民又孰有甚於斯二端者哉伏乞

皇上軫念時艱

勑下該部再加詳議合無將前項開納事例暫且停止萬不得已止許各州縣廪增附生員上納不得復開俊秀納銀之例凡吏農承差加納者止許授以雜職不得輕將州縣佐貳等官予之則人懷向上之心吏奮精明之治選法清而善政可行民生可安矣伏乞

聖裁不報冬十月壬戌補南監祭酒推翰林院學士
裴宇右諭德瞿景淳尋命陞宇太常寺卿管祭
酒事戊戌
詔大報禮成忠敬百執事劾勞宜特加
恩賚秦鳴雷賞銀十五兩一表裡十二月癸亥推
廣輸納事例授監生魏河等冠帶辛未巡按直
隷御史秦加楫建議臣聞建官惟賢此古今致
治之本也恭惟
皇上久道化成登庸者罔非濟濟之多士固足以稱
任使矣近年因有民間俊秀納粟入監之例遂

至富家巨室子弟或事耕作或本倡優或從賤
販未嘗勤事問學乏涵養而少陶鎔損金數百
千進仕路冒濫衣冠誇耀鄉里已爲踰分及膺
官守肆然居於民上斷理不諳庶務僉判不成
一字而貪饕壞法此輩獨甚乃姑治殃民之尤
者也臣請
勑下吏部自今已後查係俊秀謁選務須至公嚴
考覈如果文理通曉授以應得之秩若荒謬曳
白者遴授一職行文該府州縣等官以禮優待
免其雜辦差役則既不失

國家作養盛意而任使皆才幹之士事理民安其

裨益

皇上中天之治豈淺淺哉

上然之

（癸亥）嘉靖四十二年夏五月陞太常寺卿管南京國子監事裴宇爲南京禮部右侍郎秋八月庚戌學正鄭文昇言堂宇損壞急宜修葺冬十月復除服闋南監祭酒潘晟原職

（甲子）嘉靖四十三年春正月癸巳戶部奉

聖諭議凡歲貢援例監生選期未及預授在外布按

二司經歷五百兩布政司理問四百兩布政司都事三百兩知事照磨一百五十兩檢校一百二十兩其吏員出身在部聽選欲得搭選凡上糧七品聽選半年以下一百六十兩考中正八品正九品上糧正加納考中正九品聽選半年以下八十兩每多半年各減銀二十兩加納考中正八品正九品并加納考中從八品上糧從八品聽選一年以下一百二十兩每多一年減銀二十兩以上減至四十兩不許再減上糧正九品從九品考中并上糧二等雜職聽選一年

以下六十兩每多一年減銀十五兩減至三十兩不許再減如遇考納行吏部查明給文親赴晉糧郎中處查明所納銀數照依該鎮時估上納本色糧草完日獲取實收到部咨送吏部監生預授職銜暫與冠帶給批回籍聽選者即與見該入選之人每十名搭三名相兼選用其開納之數監生以三年爲止吏員一年爲止在京探親人等遵例上納施行癸卯缺南京吏部右侍郎改祭酒潘晟補之二月壬子以瞿景淳爲南京太常寺卿視祭酒事丁卯吏部條議監生

并正雜一款以上選年分爲主雜歷讓正歷一年同者以納銀先後爲序仍以舊例新例編成行款遇缺挨次取選大約正歷加級三人舊例居二新例居一從之閏二月改南監司業陳謹爲右春坊右中允三月甲辰命南京翰林院掌院事左春坊左諭德視監事汪偉回京管理

誥勑偉正德間曾任南京祭酒者也夏四月乙未助教童天胤呈懇修理

文廟五月乙巳禮部奏成化十一年奉

憲宗皇帝旨令公侯伯襲爵并駙馬年二十五歲以

下俱送監讀書今給事中楊璲乞
勑世冑入國子監演禮臣切爲
國家優厚世臣不惟有爵祿以馭其貴而又嚴冑
教以成其德隨營習學法制頗詳今後乞
命祭酒等官着實舉行分别勤惰造就以備干城
之選
詔如議六月壬申兩廣提督張臬子仲謙以父平
逆功送監讀書辛丑
命原任貴州總督張岳子儁送監讀書九月戊午
禮科左給事中鄧楚望上言兩京國子監應試

監生雖不拘以籍貫然必在監在歷果無增減月日托故遲延等弊方許收考今者在監肄業則有告假回籍故意違限以候復班而圖僥倖者矣在部歷事則有揑稱患病故意在逃以候補役而圖僥倖者矣甚有歷事監生已完選期未及則假以聽取而起文父母見任時勢可援則指稱在部而選考一歷而十餘年未完一人而三四科不已凡有子弟者又皆便利而樂幸之如之何能禁人也是以勢豪有力之家鑽求詭遇之計無所不至矣即今京闈之中以搜檢

則監試者不能盡其法以代替則同事者不能
發其奸以較文雖主考者秉公無議而分考諸
臣且一二有異論焉然大端皆此等夤緣科舉
之徒有以釀之也伏乞
勅下該部凡歲貢援例監生必其實班實歷適當
科舉之年方許在京應舉一次其餘有志之士
俱准原籍科舉而各大臣子弟又必首遵
國憲以爲士類之先如再仍蹈前弊聽從指名參
究則倖濫之門塞篤實之風行賢才彬彬興起
其於

聖世之治不益有光乎哉

上下其議禮部

乙丑嘉靖四十四年夏四月戊子

命南京兵部侍郎霍冀子鍾瑜送監讀書十二月

巳卯南京工部侍郎張玭子正祿以父軍功廕

爲國子生

丙寅嘉靖四十五年辛亥

命南京太常寺卿王綸子用鉉送監讀書閏十月

甲午三邊總督陳其學子若登以父廕爲國子

生十一月巳卯劉燾與右中允爲祭酒

卷之二終

南雍志卷之三

事紀

丁卯 隆慶元年春正月己卯祭酒胡杰自陳歸籍不允二月甲午都給事中辛自修等疏言石珤湛若水呂柟程文德鄒守益等鴻勳大節茂著於生前令望高風愈隆於身後是皆應錫邺典中間如呂柟有祭葬無謚而未補石珤謚不盡美而未易坐令忠魂觖望激勸風微臣冒死以請壬寅河南道御史陳聯芳以躬逢新政大比屆期欲羅畿輔真才乃獻議數百餘言申嚴監試

謂節年中式惟監生議論爲多葢其入於國學也皆由各省先後而至素無朋類之知其試於監部也多以披閱委於廳司不免俯就之意以至既得應試之後偺人入塲者有之潛通關節者有之一叨中選輒駭聽聞雖欲究議業已晚矣臣愚以爲議將各監生不拘在監在歷各處歲貢生員盡送兩直提學御史考較一如生員之例六部諸館不預其權焉如此則始進既無倖得之私斯登進亦無夤緣之弊萬一再有別議亦將責有專歸矣

上下其議禮部乙丑巡按直隸御史耿定向建議場中之制糊名易書上編字號正所以公選舉防奸弊也至於會試取士因地掄才卷署南北字號者蓋恐西北文藻不足故爲此以兼收朴茂之士其意廣矣乃若監生生員初無兩途鄉學國學原無二教不知始自何年兩京監生卷面俱以皿字號爲别致始關節易通物議時起夫國家設科掄才惟文是取何故爲是分别開此弊端裁今後監生教官等試卷混同生員一例編號彌封除去從前皿字等號庶可以章大公之

遐而杜擬議之原矣伏惟
聖裁下禮部議辛巳
命雲南廵撫呂光洵子應嚴送監讀書夏四月丁
亥司業萬浩乞
恩追贈前母孟子禮部缺右侍郎以祭酒胡杰補
之廕原任陝西道御史浦鋐孫朝桂送監讀書
五月乙亥祭酒胡杰改任北監六月乙酉廕戶
科左給事中楊允繩子忠諭乙巳廕原任總督
張岳子宿俱爲國子生秋七月乙卯
賜故南京工部尚書前祭酒程文德祭葬祭酒鄒

守益祭葬
詔議處之辛酉
命故兵部武庫司員外楊繼盛子應尾送監讀書
癸亥司業金達辭疾不能供職甲戌在監琉球
國官生梁炤等乞依故事
賜預鹿鳴公宴丁丑祭酒胡杰疏乞休致八月乙
巳
命原任南京禮部尚書閔如霖孫世譽送監讀書
巳酉陞右春坊右諭德兼翰林院侍讀吕調陽
爲南監祭酒浙江道御史凌儒上言切惟時病

於變易之難者事惟宜於從舊弊深於積習之
久者勢必利於更新若非奉有
欽依終或碍於遵守臣等勉思綜理之計釐革之方
要期革故以鼎新敢曰拂人而從已茲陳六事
伏乞
皇上早賜採行其四不關監事不載仍存其二一曰
革倩代之弊臣等伏見科場奸弊莫甚於顧倩
而監生爲多其稽察生儒已經禮部題奏令同
人互相覺察檢舉無容議矣監生中多世家富
室財力可以通神又以四方萍合之人無從詰

辯往往一人赴監部隨從數人或曰朋友或曰業師隱姓諱名以爲倩代之地冐甲爲乙孰發其奸自今宜令監生以南北直隸十三省各分爲類省分各府各府不拘歲貢例貢在監在歷總爲一類於納卷之日先取連名結狀入場時每府擇取歲貢例貢各一人互相辯認視其面貌而精别之則積弊消矣一曰革偏重之弊設科取士意在掄才取士以文人非所論兩京鄉試中額百有三十五名百名以收生員三十名以收監生五名以收雜流其在生員者無論巳

邇來雜流中式者絕少三十五名通與監生已失初制卽監生之中往往以歲貢援例進塲人數分爲取中之多寡塡榜之時歲貢人多卽便擲去是豈公平之心且近年各省提學考貢頗精於正貢之中寓選貢之意故挾策赴都下者每多偉器雋材若徇舊例過爲分別誠恐歲貢少而援例者多致滋偏重之弊膏粱冐濫而老成淪落甚矣於今折號但憑取定原卷不得以歲貢之多而輒棄之仍照

欽依事例監生以三十名爲額其五名中無雜流者

則與生員以四名與監生以一名公同酌議不得狥私各執己見逈有世家子弟果係文藝優長在取數者亦毋以遠嫌故而致黜落或姑置榜尾以示無私違者臣等指名叅治如此則公明之典大行而偏重之私盡去矣伏乞

聖裁

上悉可其議九月壬子改呂調陽爲北祭酒辛酉

命原任兵科給事中裴紹宗予長初辛未復

命宣大總督王之誥子夢麟皆入監讀書是歲當

大比因學臣耿定向奏請場卷革去監生皿字

編號故中式者止八人比撤棘考官左諭德王希烈左中允孫鋌入謁
文廟監生聚衆數百人圍擁考官於監門外譎以故違舊額狂噪不已巡視京城御史行牌禁止之監生愈益怒摧碎其牌已而建首事沈應元李一鶚胡邦健黄弘業郁文彦汪九章等問如律南京操江都御史奏曰臣惟太學賢士之關禮義相先之地也今沈應元等不思革去卷面字號原係奏
准事例乃敢大肆狂悖其罪固無所逃而司成教

令不數責亦難諉祭酒呂調陽司業金達職忝人師愧乏身教盈門嘯聚豈是環橋觀聚之風攘臂大呼幾有操戈入室之侮事非由己罪有攸歸呂調陽到任未幾其罰當與金達有間南京守備魏國公徐鵬舉等寄屬詰戎怯於禦暴所當量行罰治竊觀南京風俗尊卑倒置紀綱廢弛若使當罰不罰適中羣聚攘臂之奸當懲不懲愈長臨難苟免之志伏乞

皇上

勅將呂調陽等紀錄其過姑於升陟之間示之以

罰以爲不職之戒徐鵬舉速賜薄罰沈應元等
仍行重究以肅官方正頽俗如此則不職者有
警而羣小亦不至於長惡推避者重懲而聚衆
之風亦庶幾可少息矣壬申廵視京城福建江
西湖廣等道諸御史諸科給事中岑用賓等皆
以爲言甲戌
詔下沈應元等法司究問發遣呂調陽免究罰徐
鵬舉祿米金達俸各二月監生編號如故丙子
祭酒呂調陽自劾不職乞
賜罷斥以勵士風戊寅廕南京刑部尚書孫植子

成憲陣亾省祭孫鏜子尚忠俱入監冬十月癸未原任吏部尚書周用孫賚亦以廕送監讀書以姜金和爲祭酒癸巳命原任兵部左侍郎潘希曾子元度送監讀書丙申學正孔貞奏母老不能迎養乞恩休致丁未南京禮部缺侍郎推祭酒姜金和補之十二月己丑故太僕寺卿楊最孫木以恩廕送監讀書最以建言杖死故錄其後乙未葉志周送監以其父原任江西道御史葉經廕也

戊辰隆慶二年春正月丙寅直隸廵按周弘祖疏請

廣恩選以實國學畧曰南京國子監一時缺人
昨中式僅止四人又皆自援例發身者堂堂國
學空虛如此良可嘆矣恭惟我
皇上嗣登寶位覃布仁恩匹夫匹婦罔不均沾
聖澤矧學較首善之地乎查得弘治八年奏
准自九年起至十三年止順天應天二府四年各
該貢六名者計貢十二名其餘府學每年倍貢
一名計貢二名州學三年二名者二年計貢三
名縣學衛學二年該貢一名者每年各貢一名
以後仍照見行例欽惟我

孝宗皇帝所以開一代堯舜之治作興學較養育人才此其大端也今亦未敢援四年恩貢之例但各學除常貢外再得恩貢一名其法嚴令督學諸臣合通學廩膳彌封而較之拔其尤者一人以嘗

皇上恩選之意並不許就選教官俱送兩京國子監肄業七八年後彬彬皆可充有司之選况感非常之殊恩則其啚報之心必重慶遭逢之不偶則其淬勵之志必堅安知無碩輔名臣奇才策士如

國初黃福之類者出於其間以稱我
皇上之任使乎即百十中得一焉使天下羣然而頌
之曰此我
皇上恩貢之人物也豈不盛哉不報二月乙巳姜金
和引疾求去從之三月甲寅以姜寶爲祭酒乙
丑
命原任兵科給事中何光裕子儼送監讀書夏四
月己丑
命倉場戶部右侍郎萬士和子春陣以漳平知縣
魏文端子希翁乙丑

命四川梁山縣主簿時寵子仕先俱爲國子生甲
辰監生郭瑀臣疏乞其父原任中允希顏首級
歸葬先是希顏里居上疏言建儲事忤
世廟旨
命就南昌刑之身首異處故有是請
上憐而允之壬子禮部建議故南京兵部尚書前任
祭酒湛若水吏部右侍郎王道太僕寺卿李舜
臣諸臣或嘉言懿行足以表率乎名教或讜論
忠言足以匡救乎國體要之芳躅未泯是皆有
賴於表章然令名節久湮猶恐遂致於淪沒質

之人心咸用爲惜原歲貢監生發爲民陳良鼎
無官守言責之寄有愛君憂國之心當遙授職
銜
詔湛若水王道李舜臣准補廕照例與祭葬六月
乙酉吏部酌議開納監生得入資授冠帶丙戌
命三邊總督王崇古子益送監讀書己丑南京兵
科給事中徐尚疏參司業金達辛卯金達引病
乞休
上留之壬辰徐尚復疏論金達丙申致仕廕故尚書
林俊孫及祖爲國子生丁酉以山東僉事周怡

爲司業怡在

肅宗朝以抗直兩繫

詔獄

上卽位起用尋復外補今轉以物望也巳亥

命禮部左侍郎瞿景淳子汝稷壬寅

命刑部右侍郎鄭世威子應曉俱送監讀書壬申

命原任右副都御史孫繼魯子宙送監讀書甲戌

吏部酌議開納監生得入貲遥授鴻臚寺署丞

等官八月庚寅雲南生員韓世仕以殲賊軍功

送監讀書

己巳隆慶三年正月辛巳
命催取舉人就監乙丑祭酒姜寶疏請飭監務以
廣
聖教竊謂太學乃
國家養育人才之地祭酒司業則
國家養育人才之官也臣等謬蒙
皇上擢拔以來自知不才深懼尸曠日夕圖維如講
肄差撥等事臣等分可以自盡者俱遵照
皇祖欽定監規及
累朝

勑諭一一推廣奉行不敢别有煩言以瀆
聖聽其有係干本監事務而臣等不能自專不容不
上
請者謹列爲八事開載具陳伏乞
聖明俯賜采納
勑下該部議而行之一修理頹毀堂舍以便肄習
據率性等堂助教畢天能等呈稱各堂強半傾
頹不蔽風日諸生肄業其間恐有覆壓之患東
西班併在一堂住或一堂亦不堪棲止木撑蓆
蔽終非可久之策目今露坐風吹於各生課督

殊爲未便又據典簿廳呈稱本監左右牌坊木坊朽損勢將頹倒其正街二座亦應修葺又率性堂西二間桁柱空朽西五間簷窻倒爛修道堂東西間全壞西二間全壞誠心堂東西各損朽數柱正義堂東西各倒卸一間崇志堂東五間俱倒而西中僅可支撐廣業堂西四間俱倒而東中亦向頹圮至於各廂房亦無一間不倒卸各班堂則無一處不滲漏從下過之則人人有巖墻覆壓之虞從外望之則人人有頹垣荒毀之嘆臣等竊惟

國家設太學以養士六堂乃師生棲止肄習之地不應惜修理費使諸生住坐風日中而梁柱朽爛處所脫有覆壓恐非所以廣
聖恩而重養士之典也乞
勑該部逐一看估查議何項銀兩堪以動支大破常格作速興工無致積頹成廢則多士荷幈幪之賜矣再照修理工程凡在官府者多不如私家之經久以未有專官督理也乞
勑該部定委能幹司官一員專在監督理候工完之日方許別差庶工程可望堅久而錢糧亦不

冐破矣一徵解逋欠銀兩以濟供應據典簿廳呈爲急缺膳夫銀兩事查得直隸蘇松等府太倉崑山等州縣額解膳夫銀兩俱係南京禮部轉發過監支放數目近查各府州縣自嘉靖三十二年以後拖欠數多又查本監貯庫膳夫銀兩不敷支放深爲未便臣因查得蘓州府太倉崑山嘉定常熟等州縣遞年積欠銀共二千四百四十兩松江府上海縣華亭縣遞年積欠銀共一千九百六十兩常州府武進無錫江陰宜興四縣遞年積欠銀共五百五十兩徽州府休

寧縣欠隆慶二年銀八十四兩寧國府宣城旌
德南陵涇等四縣欠隆慶二年銀一百一十兩
照得以上膳銀俱係支放六堂師生緊急公用
之物遞年徵解不前以本監與各有司衙門事
體不相統攝而禮部有行亦未必一一遵依以
致頑玩如此見今在班人少已難支持若來年
恩貢等生人監人多用廣又將何以接濟乞
勑南京禮部作速行文催解或差官坐徵以濟供
應庶養士之需有所自出不致臨期無辦也再
照本監饌肉銀兩係設都稅聚寶龍江四宣課

司解應天府以便買肉給散今亦不依期上納
矣併乞
勅下該部一體催解毋致後時此雖細事不當瑣
瑣於
君父之前然亦
國家養士之典所關臣等不能專行不容不以併
請者也一停止民生上納以塞倖途查得納粟
納馬事例自景泰年間時以邊境多虞
國家十分缺乏之故不得已而從權宜之策如此爾
然其時所許止及生員所限猶有名數非若近

年以來不問生員民生盡許上納而濫收一至此也夫所謂民生者或曰發社生或曰附學生或曰附學名目或曰俊秀甚則併商家子亦開例收納矣其實皆白丁也白丁生心不通文義目不知書吏見在走班者臣等亦嘗用心教之但教以背書寫字講孝順事實併日記故事等書冀令稍知向上則紛紛以爲難堪而託故告出矣即令作養實難成才又安望其堪以效用於將來也夫膏粱驕逸之性難於轉移如此矧其間實有罷斥市買厮賤以及犯罪逃刑之人

亦或託名冒進莫可詰究乎然則太學賢關將不免爲含垢納逋之所誠非聖世所宜聞也假以經費不足在戸部有難於處則陛下登極詔書固云加意節省用自有餘而所差四御史於各省查進錢糧聞稍稍亦足支用矣臣愚以爲自今只許生員上納猶可若白丁納銀事例則斷斷乎所當亟行停止者也假以此例一停走班人少國學不免空虛則莫若於五六年後間一開貢取廩生年壯而文優者如今年開恩貢

例而兼以行取以稍存鄉舉里選意則太學養士之效可臻而世風亦遂可清矣一催舉人就監以務實學查得舉人入監事例曾經先任祭酒程文德具題禮部覆行有年矣歷科會試下第之時部催亦嘗嚴切諸生亦多給有入監文引在身但人情溺於便安上官每多假借三年之間因循怠惰不及入監而輒從有司衙門起文會試及試期已近而但取鄉官保結容令入場者亦多有之倣效成風年復一年奔走廢學日甚一日至於年邁志灰而後就選則人有肥

家私念堪大用者少矣嘗聞宋臣胡瑗以經義治道分齋教授於蘇湖後多名臣出於其門臣等切慕效之若催取各生以時進班於舉業之外因其性之所近授以當世之切務如邊防馬政屯田水利之類遂一與之講求人取其長不專口耳章句之末他日有可效用於明時者亦臣等所以仰報

聖明之一事也但各生怠玩日久必須部文嚴催示以不經入監決不許容入場應試方可責其如期而來而人才無廢時失業之患矣【附論】初制令舉人入

監蓋恐倖售於括帖而不能實見於當官且恐一第自恣不知繩檢故使就範型陶成國器也今廢修行稽古之典專務括帖監生不得第終不得與舉人爭衡舉人驕矣惟稍倣積分之法以伸監生而舉人不入監不得會試國學之體始振耳　臣寳嘗備員四川提學親見舉人中有可以表俗而與行者如保寧府閬中縣之傅泰力田以供子職堪居孝廉之科成都府內江縣之趙裳吉窮經而知時務頗有經濟之具蓋其抱藝懷材養高於山林而不肯輕出又非奔走怠惰之生比也此等之生當破格擢用如

國初之制凡各省有如此等生者宜令巡按御史

及提學官訪實一併奏
聞庶因催取舉人入監而就其中以得異才仰裨
聖治於萬一矣一處補分教屬官以重課督查得南
京國子監舊額博士三員助教學正學錄一十
三員以分任廳堂教督之事近年員不盡補葢
爲在班人數不多而虛糜祿官多無益也但六
堂除陞遷事故外必須常有六員坐堂方可檢
攝班生不敢違曠今學錄王應柱以進表赴
京此外見在坐堂官員共計只四員爾二員兼管
四堂又如光哲堂琉球國官生亦係帶管殊爲

未便乞
勑吏部量補二三員前來不致缺官廢職於分敎亦有賴矣再照
國初各官有九年考稱加陞翰林院檢討職銜者博士以下等亦有待及三年考稱行取以備科道之選者今多隨時陞轉不得與行取之列亦無復有超擢之望似非所以廣激勸而重作養也倘蒙准復舊規
勑下該部查照舉行以稍重師儒職任而每遇銓補各官之時又須訪果文學行義卓然足爲多

士模範者方與陞授如臣等所舉傅泰趙掌吉等或即徑除前項職員以分理教務當必有同心相濟之益而聖化日見乎洽未一豈存積分法意以待卓異臣等伏讀登極詔書有三途并用一款仰知皇上求才用人至意臣不勝爲世道幸但其求之於已仕之後孰若養之於未仕之先臣等查得積分之法乃聖祖養士成才第一義也近年亦嘗題覆允行矣然

在
國初則得其人在今則未得其人非太學人才獨
盛於
國初而於今則不然也在加意與不加意之間爾
聖祖時太學諸生或舉自孝廉或出自貢途其後或
繇以下第舉人葢多經明行修之士也而
朝廷又最加意於此故監生坐班有至一二十年
之久者由廣業堂漸陞至率性堂積久八分方
與出身中間有超越異常者取自
上裁擢用往往科道部屬等官

國初養士而用之益如此其重也今亦覆題允行而未有破格擢用者誠難其人而當事諸臣或不敢身任其責耳今當

聖化維新之日又值恩貢方選之期諸生豈無有超越異常可以應上之求者乎乞

勑該部量存

祖宗時法意容臣等用心教養加意甄別果有文學通濟才堪大用者歲終薦舉一二請自

上裁或量開報吏部待其就選之時另示優異以寓激勵興起之機無其人則缺不舉舉非其人則

罪坐臣等庶幾人才以受知而益感奮而三途並用將來亦可以應明詔於不虛矣

【附論】按國初南雍之盛逞逞三四千人今文明大闢郡縣之學俱倍往昔而國學浸不如前根本首善之謂何此其獘起於援例一途屢罷而遂以長沿道德文章中兼此一物便覺不顔苟不得舉出身最高乃爲郡倅視科目爲一輩清流國子生人爭擯之以此不肯競趨耳今此例需之正急竊以爲因而長養之勸以利祿必且蒸蒸可觀夫兩京大省出而主試者大司成同輩官也若每歲以司成爲主試於六堂中選其行誼端謹學問博輿三塲精通者或糊名易書如鄉試之制以廳堂爲分較每堂選一人令異日與科目同出身計兩雍三歲所選共三十六人散之天下於科目塗轍未有妨也而以文兼行國家必得賢才異等之用趨國學者如流水矣今國家搜括財利至郡縣援例充附若肯行此有三大便焉國

學士皆思讀書修行化濁流爲清流一也彷彿積分之法以還國初二也天下負才磊砢而困場屋者皆之國學足濟三空四盡之用而夫嘗另開一事例三也第恐舉或不公則在嚴舉主之禁復聽堂行取之舊而以其公私爲殿最耳此其法於國家不甚破格難行亦何不利焉故特著此以俟深心司世之君子云

一造就世勳子孫以光門閥査得公侯伯子孫應襲爵而未襲爵與已襲爵而未管事者俱該送監讀書蓋

祖宗舊規及今京師國學見行事例皆然也今見在南京公侯伯子孫雖不及京師十之二三然亦當一體遵照奉行以冀成才於他日者蓋今之五軍都督府天下軍衛皆屬焉而例以各爵掌

其府事關繫至不輕矣世勲子孫日惟紈綺自
安及至承襲一旦推舉管事則不通文理不諳
事體衙門正務非委之將領等官則假託於寫
字吏胥而已不知此等封爵與
國同久且亦京營鎮守之選所自出也仰惟
皇上以邊方多事寤寐訪求將材而各爵世受
國恩豈應使其子孫悠悠豢養以苟叨祿爵而不
堪任使一至此乎乞
勑該部將各爵子孫依例送監容臣等督誦武經
及忠經孝經百將傳等書逐漸與之講解文義

使知忠臣親上之大節於以閑習韜鈐而養成
器局上或可待閫府擁旄大用以稍寬
明主拊髀之憂次亦不忝名門世閥堪以坐府管事
不致假託政他人而莫能可否此亦今日之要
務而職關臣等所當行者故敢併以爲請一沓
復衙門舊規以正事體照得兩京事體相同禮
儀亦應不異京師祭酒見吏部由後門入後堂
而南京吏部儀註則云祭酒入前門穿堂相見
司業例應乘馬入吏部門前及二門下而南京
則於吏部門前外下不知何故不同如此臣惟

國家優禮儒臣故祭酒得與講讀學士等官司業得與坊局等官皆不拘品級而叨有異數如此也京師禮部出自

祖宗舊規歷年遵守不失而南部儀註則不知更定於何人之手亦不知行自何時使臣寶以右通政補今官見部嘗由後門入後堂而南京禮部尚書裴宇自言先任南京祭酒時亦由吏部後門入後堂相見南京吏部於祭酒亦嘗照京師行禮將儀註未及改爾若司業之下前門爲前此司業嘗乘轎不可令轎及二門也今臣等四

品以下京堂俱乘馬臣與京師同則司業既乘
馬矣豈可令在吏部門前外下乎恭惟
聖明在上而兩京禮部各有異同如此恐非所以明
車書一統之盛也乞
勅改正行之則臣等仰荷
朝廷德意於無間而事體亦不至參差不一矣再
照先年祭酒魯鐸司業董承敘等前後題
准監生有物故者查照
祖宗朝事例移文順天府給棺以瑩殯殮行兵部給
脚力以應付還鄉近日監生趙應奎病故南京

兵部准本監手本亦曾廳付脚力但未經應天
府給有棺殯仍乞
勅該部議行以廣
聖慈共監生有犯別衙門不得擅自拘提但行典簿
坐取此亦
祖宗舊規兩京事體相同所當一併申明者也議
下各部丁卯吏部奏覆所薦傅泰趙蒙吉及補屬
官事得宜二月戊子禮部亦謂停止民例法存
積分遺意祭酒司業見吏部禮儀諸條皆確要
當行上疏申請

詔悉如議趙蒙吉後爲國子監學正卽大學士貞
吉弟也三月乙巳祭酒姜寶自陳不職乞免不
允癸丑廕宣大總督陳其學廕子人駿送監以
奏捷功也丙辰原任南監博士黃尚質降江夏
縣縣丞六月乙亥以故贛安僉事張澤陣亾有
功廕其子斯盛送監讀書壬辰四川新都縣監
生楊其仁疏乞
恩賜其祖廷和補廕
詔吏部議之巳亥吏部酌議開納事例監生得塡
註鴻臚寺序班職銜閏六月甲寅

命楊其仁送監讀書戊午禮部議處民生入監事
宜查隆慶三年正月内該南京國子監祭酒姜
寶題稱停止民生上納以塞倖途本部據議題
覆已經通行停止今户部所議開納事例仍有
此款良以帑儲有限邊費日增欲以少濟目前
之急不得不取籍於此臣等切照民生納監雖
爲冒濫而若使資質可進身家清白則入貲就
學需次授官似亦無不可者但中間或有曾犯
奸贜詐僞等罪或有出自倡優隸卒之家或係
生員監生問革除名或係吏承書手緣事歇役

以致卑賤厮養之輩迯刑亡命之徒皆得雜然
並進貽玷賢關本部向議停止者蓋有懲於此
輩也然原籍起送者此類尚少而在京告納者
則往往有之及行查之日有司每念其已納銀
在官務爲姑息遂乃朦朧回報以致冒濫日滋
其弊誠當痛革宜通行各布政司及兩直隸衙
門今後凡遇民生納監奉文查覆者務要從實
嚴勘如果自初至今身家並無違碍取具該府
州縣官吏及本處儒學師生里鄰人等各扶結
狀轉申司府粘連呈部文結内務將不曾犯有

奸贓詐僞過名及不係娼優隸卒之家等項逐
一查明開寫方准實歷含糊混亂者仍不准入
若隱情扶同者事發定將保勘人員叅究坐以
贓罪其由原籍起送者各該文結亦照此例施
行再照往年儒學生員亦有緣事脫逃赴京告
納暫送入監而遂得中式京闈者其於科目尤
爲有玷宜通行南北二監今後凡遇鄉試年分
一應援例生員暫收入監未曾查回實歷者俱
不許考送應試如此則非惟
國學不致混淆而賢科亦皆增重矣及照民生入

監之後往時俱與舉貢諸生一槩支廩扣期撥
歷賢愚莫辯勸戒不加以致各生冥頑自恣無
復向學之志他日出而從仕未免一丁不識百
事懵然惟知貪黷賕纍以求償其輸納之貲而
巳卽旋加甄别以示作興通行南北二監除例
前入監者姑置勿論并新例廩增附生員邊方
優等次等生武舉曾經科舉入監支廩撥歷俱
各照舊外其餘若青衣發社生沙汰生附學名
目生俊秀隨任等子弟武舉未經科舉及武舉
入監生坐班一年以裏且不必廩一年滿日如

果用心向學能通文理者給與全廩謹守監規略知文理者給與半廩或愚頑弗率全不識文理者仍不給廩俱各再令實坐班一年然後准與上序給廩者撥正歷不給廩者撥雜歷如坐班一年半以上者不曾給廩願撥長差者聽該監官平時務要一體課督毋以民生見棄至於分外給廩之日務要秉公嚴核無得徇情槩施如此則勸懲不爽而諸生稍知向進者激勵而思興起是亦隨材造就之一道也

附論 給廩者撥正歷不給廩者撥雜歷人自向學矣若再選其優者而異其出身不更競勸乎 夫始焉嚴於

查核則薰蕕不至並收繼焉詳於教養則葑菲
不無可采於開納之内而得澄别之宜即理財
之中而寓作人之術其於士風之道未必無補
也臣等事關職掌不勝惓惓伏望
聖明裁允
詔曰可九月壬申
命陣亾延平府同知奚世亮子繼良送監讀書丁
丑助教汪洋乞
賜歸養冬十月己酉禮部疏稱祭酒姜寶奏魏國
公徐鵬舉已將其子邦瑞送監後又添送幼子

邦寧係助教鄭如瑾受賄相結約以混彝倫
命付之南京法司鞫問甲寅以恩貢生員郭子章
等四百九十四名送兩監讀書
庚午 隆慶四年春正月乙酉南京刑部尚書孫植等
鞫擬魏國公子徐邦寧等罪邦寧擬徒邦瑞及
助教鄭如瑾各宜杖徐必達莊應禎行賄造謀
如律服辜徐鵬舉偏愛醸禍亦應加罰悉具讞
以
聞尋得
詔徐鵬舉住祿米一月鄭如瑾夷爲民徐邦瑞仍

隸監籍餘如所擬譚希思大政紀曰如瑾既得罪恨寶發其奸乃嗾使邦寧黨揚言寶與誠意伯世延同受邦瑞賄爲副使馮謙所詰而嫁禍於瑾以自解於是南科臣王禎言世延受重賄於邦寧而爲之畫策寶受嗾語於世延而爲之駁查皆營私亂法罪當首論而刑部尚書孫植訊報不詳止坐一如瑾塞責乞并罷吏部覆請令植寶世延回籍聽勘後南京法司叅當事肯止坐寶贓千金而爲如瑾辯雪於是寶爲民植世延閑住如瑾復官然禎之論寶原無贓私語

士論未平尋以諭德萬浩補賓之鈌二月庚子
禮部上言禮科都給事中王之垣等議嚴應試
以正士風援例監生必重始進而兼德行竊謂
國家設科取士必試以文葢以言爲心聲詞果由
衷則必術學識固可槩見故歷代名公鉅卿建
勲植業多自科目得之近緣俗競浮華士專記
誦主司悅其華麗誤加收採以致行檢不符之
儔僥倖得志而敦行尚實之士往往見遺此非
文學不足以觀人實遴選未得其當也令該科
欲令提學官較文之中兼重行誼無非目擊時

弊思挽頹風之意乞

勑部移提學每遇歲貢士如生儒中果有孝友清慎衆共推舉者雖藻思稍有不足亦宜旌拔其素行有玷公論者文詞蔚茂不妨降斥固不可狥情濫舉以長詐冒之風亦不可偏聽告訐致啓中傷之弊至於生儒援例監生暫送入監未曾查回實歷者不許考選應試已經通行合再申飭務要嚴加稽覈勿容冒濫庶乎士行崇始進正

國家收得人之效矣又據之垣題稱南京鄉試監

生乞依會試分別南京北京及回籍聽考應試切謂恩貢歲貢及援例監生挨籍分送兩京肄業各有定例間有一二隨任告改人數不多兩京鄉試臨期考送多寡不齊較之會試事體甚異分別南北卷數似難預擬至於歷事監生見行事例不分在監在歷私逃回籍三□之上發回原籍肄業半年以上問革為民明禁甚嚴比緣姑息因循遂致違玩節該本部議覆凡監生坐班歷事務要依期完事給引還鄉如有告假及丁憂等項亦須嚴行保勘果實方許放回

勑限送監補班補歷若託故違延直至科舉臨期方到者不准入監其回籍監生有志進取聽於各本省科舉提學官一體考送考試官塡名折封之時監生已取中式不許避嫌[illegible]置庶僥倖之弊既塞登進之途亦公而選舉之法可患其無實效也哉

上從之乙卯以翰林院編修王錫爵改南監司業壬戌祭酒孫鋌欲推廣恩意請增科額乃建議曰

臣切謂太學養士每際時而奮興科目掄才亦因人而定額兩京鄉試額取中式一百三十五

名益以百名待畿内府州縣學生員以三十名待國子監及各衙門歴事監生而五名則處儒士等雜行也恭遇
皇上撫運中興覃恩薄海於隆慶元年荷蒙
俯納提督學較御史周弘祖之議
詔許天下於廪生數内拔其優異超貢分數南北二監肄業號曰恩貢與歳貢不同誠天地浩蕩之恩前所未有也卽臣所領本監去年入監凡三百四人十月入監又三百七十七人今各省投牒禮部分撥者又不知幾何人夫自常年論

之本監及各衙門應試八百餘人而定額中式
三十名蓋亦三十取一不爲不難矣乃今恩貢
之數殆且過之臣每於季考月課朝講暮習驗
其文藝察其心行則皆畜極而通恩深思報樂
覩上國之光以效及時之用者倍於往昔又臣
前任中允承乏應天府考試親見南都多才實
未能殫錄兼以江浙諸省貢生多發南監然則
才之彙集孰有盛於兩京太學者哉若不爲之
預處則額取有限所遺必多恐非所以隆學而
敷化也臣惟

聖主仁恩等於覆載均施廣被隆慶二年會試中式
舉人增額至四百名與嘉靖二年事例相同恩
至渥矣查得各省各科鄉試額如江西原取九
十五名嘉靖元年倍增至一百九十名以補正
德巳卯之未舉以昭
先帝卽位之特恩雲貴合試原取五十五名嘉靖十
六年攺制分試雲南取四十名貴州取二十五
名湖廣取八十五名嘉靖十九年增至九十名
此三省者一以懷遠人一以念舊邦遂皆著爲
常典行之永世海內儒生咸知

聖意所在莫不懽忻鼓舞力學嚮用而
先帝享祚久長動不乏才由此道也夫會額可增則
鄉科其始進也無非旁招俊乂之啚各省可增
則太學其會歸也尤爲四方趨向之極伏乞
勑下禮部詳加酌議比照嘉靖初年事例增取數
十名舉二百之成數以示特恩暫行一次後比
舊額或量增二三十名行二三科停止庶乎百
年希曠之典不僅於小施一時羅致之英隨得
其實用天下烏有不願盡忠而趨闕下者哉
上命部議之此雖北疏然事兼南監故附記之癸亥

原任山東博平縣學教諭黃元忠子崇恩得承
廕送監蓋小秩特恩也三月癸酉
命胡杰廡監事巳卯禮科給事中張士純建言振
士風以需實用臣聞周王壽考遐不作人之
功文德無斁輿譽髦斯士之頌我
國家於
京師建立太學以育天下之英才行之二百年久
道而化成養賢以及民彬彬乎盛矣哉而臣欲
有言者但見近日士風太靡而不振士習太浮
而不實不容不一振作而維新之耳試以國學

言之董仲舒所稱賢士之關而教化之本源也
聖祖詔立國學於未登極前之三年意何切也比時
舉人者必赴而肄業焉歲貢例應者必赴而肄
業焉以故太學之中常萃數千人而作養之優
游之以歲月琢磨之以禮義約束之以規矩廪
食則俾其習經史歷事則俾其習政法大比則
許其就科試可不謂教養兼舉者乎然而舉人
下第竟有踰十年而不赴監者諸生歲貢盡行
授教百無一人肯赴監者以致兩京太學各不
滿三百其實與一縣學等耳師儒之任又多教

卽乖方甚非所以壯國學之規模而陶鎔天下之善士也臣請自今俾各省巡按提學行查先舉人家居未經赴監者嚴責各處有司起文送監仍禁不得就刷卷之歷以苟且塞責止許其就正雜二歷以積次待時則類聚觀感之間必有發明忠孝之益者也其歲貢生員年未踰五十者不得准其就教而於取選之法更爲通融或五年以上得附揀選八年以上得附正選則招徠鼓舞之餘亦必無嘆老嗟卑之狀也已如是則博助正祿之官不爲徒設而教育得有所

施士子莫不潛心於經書理性之學不剽浮靡以爲工篤志於前言往行之求類懷忠信以待舉故發之爲文類多典雅莊重見之爲行類多恬靜寡營豈不爲教學相成者與邇來士氣卑弱如病夏畦而可羞士習虛浮如採春華而無實此何以故毋亦師儒之官皆取歲貢之士充位而教法蕩然憲臬之臣不以坐講之禮相加而禮遇甚薄以致生徒不見師道之可尊惟見有司之可詬正氣淪亾虛僞漸長童子初離句讀畧曉文義即視經書列傳爲糟粕渺性理綱

目爲贅疣專一採摘試題剽竊時套偶一時作
可釣聲譽則巧爲搆求公然蹈襲遂乃認爲已
物掞之爲席珍復鋟之梓人鬻之爲奇貨昔人
可爲長嘆息者是此類也懇乞自今凡會試所
遺列之乙榜者不問願否俱留部選而布之學
宮果其才良行修德業充實者三年俾赴會試
而勿絕其上進之階果其教成士孚德望超軼
者六年俾以行取而不觖其清華之望則師道
克立而善人自多矣疏上不報戊子部議大明
會典少分較乃以司業胡杰遷中允使領其事

夏四月丙辰
命南京禮部右侍郎裴宇子述祖入監六月壬寅
考過生員顧彬等一千三百六十九名送兩京
太學肄業癸丑
詔兩京鄉試各准增十五名不爲例初祭酒孫鋌
請加解額至是禮部覆申其議故有此
命丙辰學正林憲乞給假省親許之秋七月己巳
巡按直隸御史蔡應揚疏舉監生王之麟妻李
氏節孝事
下禮部戊寅禮部奏議諸曹監生時丁大比不就

諸曹彙選俱送監考應試

命部議之甲申開納事行監生吏典俱可不循常
資徑授冠帶八月丙申吏部奏缺南京太常寺
卿以原任祭酒胡杰調補乙丑故南京祭酒龔
用卿子監生爔爲其父乞

賜祭葬

詔禮部議覆冬十一月戊辰

命歲貢生員錢守等一百二十四名分送兩監肄
業十二月丙申

命原任編修王相子爔送監讀書學正林憲達蒞

任限吏部劾之

詔如故憲

隆慶五年春正月丁丑司業王錫爵改右春坊

右諭德辛卯以編修余有丁爲司業二月丙午

吏部酌議開納監生得入貲除都司經歷及遙

授冠帶三月戊辰

命舉人熊有麟等分送兩京國子監讀書甲戌以

舉人張弘道塡註南監學錄夏五月甲戌以祭

酒萬浩補南京禮部右侍郎六月乙未林世吉

以父林爊㢈送監讀書秋七月壬戌學錄周廷

賓改居南監乙丑以陶大臨爲祭酒八月甲寅
命原任大學士劉忠子餘蔭送監讀書冬十月甲
辰以林士章爲司業乙巳改原任南監博士文
彭補北監博士甲寅蔭故兵部尚書曾銑子卞
十一月乙丑蔭故尚書萬鏜子鏞辛未祭酒陶
大臨奏
廟廡漸壞懇乞
命工修理事
下工部
隆慶六年春二月戊子禮科給事中賈待問上

言竊爲太學乃天下英才養育之地厥係匪輕邇來輸納之徒日以煩多重爲名教之玷且有遠方氏籍身執賤役潛寓京邸家累至鉅萬止告取鄉官印結暫容送監以附於隨任讀書子弟之例卽有干碍誰復知之此輩卽督以監規尚鼓脣燥吻艱於句讀寧望其有長才耶乃竟使之與賢士相伍蘭蒿並植涇渭亂流猶曰始進之陋已耳異日者職有分寄一字罔識百務靡諳徒恣貪濫以爲民蠹其害可勝道哉今縱不能盡空此輩亦宜搜獎實而稍杜之便

上從之辛卯授佐討監生冠帶戊申司業范應期改
北司業應期旹左遷以尚寶司丞轉是官者庚
戌以翰林編修周子義補南監司業夏四月壬
午以萬浩爲禮部右侍郎視祭酒事秋八月癸
卯祭酒林士章上疏請罷吏部謂其才望方隆
行業無玷乞
上留之
詔曰可十二月乙卯李文炤以其父思州知府李
克問蔭癸亥維可輿以其父原任河南廵撫維
昂蔭己巳陳遇以其父原任刑部侍郎陳堯蔭

俱送監讀書

南雍志卷之四

事紀

癸酉萬曆元年春二月庚午北祭酒官欽部議改南祭酒林士章於北尋議以南京禮部侍郎萬士和視祭酒事

上從之春三月丁亥陞刑部右侍郎畢鏘子士潫送監讀書甲午令監生得加納冠帶夏四月丁卯以虛銜授歲貢監生夏宸湖廣布政司都事南北未詳甲戌陞南京刑部侍郎曹三暘子師直入監讀書五月戊子禮部奏歲貢廷試過生員分撥

兩京國子監肄業

上是其議八月巳未禮部疏言據鴻臚寺卿屠羲英等奏各衙門歷事監生考勤引奏謝

恩及各郡縣歲貢生員民間俊秀子弟赴京

朝見與投遞公文多令家人親友代之諸不具論即如歷事監生中間雖舉貢生儒不同將來均有官守之寄恪遵禮法分所宜然夫何邇來因循日久人心玩愒富家子偷安逸樂輒以公文投遞託於親友衣冠假替率匪其人甚而各衙門歷事皆雇倩無籍之徒充之夫投文歷事旣

非本人則
朝見誠不免於雇代以雇代無籍之徒揖於省直
且不可況
闕庭之內咫尺
天顔而容此輩冒名行禮既經鴻臚寺卿屠羲英等
具題委應禁革但沿習已久犯者必非一人向
來未經申飭一旦以法處之亦非人情合候
命下移文在京各衙門嚴加查覈除見在代歷之人
准令舉首免罪其歷事未滿者遠者限六月近者
限三月本生計程而至勿得稽遲不然者黜之

他若生儒俊秀考勤
朝見有仍前弊者送法司罪及所代本生黜如例
上從之冬十月壬午北祭酒林士章上言臣待罪成
均職司教育恭覩
登極首詔令所在儒學生員廩食年深者許貢額之
皇上作人至意已翔洽於寰宇矣方今多士雲集辟
雍臣以職事獲際菁莪棫樸之會誠大幸也但
貢數倍增而撥歷尚仍其舊入多出少不無壅
滯伏思生員之滯於貢者既獲

恩詔疏通則在監之滯於歷者必蒙
聖慈軫念臣叨教事而匿不上
聞臣則有罪是以祗承
德意爲
皇上指陳其端本年九月據恩貢監生葉甘茂言歷
少期長人多淹滯引嘉靖二年南京吏部尚書
楊旦五年南京吏部尚書朱希周奏
請增歷及十六年吏部奏
准舊例乞請量增人數減期三月臣竊見
國家造就人材每欲使之乘時登用故監生數少

則增貢以實之數多則增歷以通之先年奏
請已有成議今宜視舊例酌處歷事監生遞減三
月則減三名可增一名之缺通計各衙門正歷
三百四十四名而所增之數可一百一十四名
矣以所減月糧爲諸增者之俸數足相當此則
有增歷而無增糧似於事體最爲恰當兼以監
生留歷科舉類皆有志之士而出於南直隸浙
江江西福建等處爲多雖有令歷完之日就試
本省而累科以來槩不收錄以致願留者多積
成壅滯若蒙

恩賜俾完歷給引之後願就京試者聽則各生皆
願及時完歷亦疏通歷法之一端也伏望
皇上俯恤下情
勑吏部詳議癸未吏部奏如士章各衙門監生每
正歷三名量增一名仍免歷三月
上從之十一月己卯禮部疏爲纂修事初正德元年
大學士劉健等奏稱纂修
孝宗皇帝實錄謄寫缺人宜令禮部於四夷館譯字
官生并監生内考選充之其所選者必以科貢
出身後十六年大學士楊廷和等奏纂修

武宗皇帝實錄亦如之請於監生内選取二十人
世宗皇帝是其議至是大學士張居正等復援故事
但專取科貢一途恐其數不敷宜將坐監歷事
聽選監生係科貢出身者一同考選
上以書寫之役不必拘定科貢出身但取精通楷法
者計一十五人丁亥議以先臣新建伯王守仁
從祀孔子廟庭
上下其議進士鄒德涵奏曰臣頃者伏覩
皇上踐祚之始首諭羣工以道理之要在正人心大
哉王言葢已灼化理之原太平可拭目覩矣臣

愚以為人心之正非可家諭人説宜有以風之

則莫若表章大儒以示之的

明興重道右文真儒輩出以臣所聞道至高節行

文章勛業具可直接宣聖之統者宜莫如守仁

所謂大儒者非與嘗跡其行事與所以立教葢

其跡有稍可疑者其為學取自本心不叅别解

也似禪其好辯先哲之言也似誕其惓惓忠諫

所指斥不避權貴似激而又包蒙似濫犯難似

愚愛惜同類似黨在軍旅聚徒講論似迂夫兹

數者信可疑矣是以羣議譊譊憎兹多口夥原

其意則欲明明德於天下冀以正天下之人心也惟欲正天下人心故不得不就心所本明者覺之而因揭爲良知之旨雖闢邪崇正不能無費辭而其教固已遠矣今議者紛拏盈庭未決豈謂從祀大事必俟衆允而後行耶則當弘正間薛瑄從祀當時議者已不能無留難賴
先皇帝毅然獨斷特舉而祀之乃今守仁行誼無愧於瑄而特典未加俎豆尚缺亦非
國家所以崇儒之意疏上
制曰可十二月巳未吏部以恩典乞廕南京兵部

右侍郎杜極子愼初入監讀書丁卯南禮部侍郎視祭酒事萬士和遷爲禮部尚書以南京太常寺少卿姚弘謨代之

甲戌萬曆二年春正月甲辰萬士和以疾告歸上不允二月辛亥給事中劉鉉以聖治方熙羣材彙進上言申明法令事兩京國子監生與郡縣庠士品格不同他時皆有一命之寄監生所業自莊誦卧碑之外惟抄讀講章較閱藝文而已今四方下第舉人羣集兩監類多妙選虚糜歲月無所事事可惜也謂宜一體申

飭令在監生徒常課之外每月講讀律令幾條
月考季較以時試其高下如此則藝精於平時
官諳於素習政刑可以修明人材皆適所用雖
化民成俗儒者不專恃此然於
朝廷作養之方建官司牧之道未必無少補也惟
陛下留意幸察奏
聞下其議所司夏四月壬戌
詔以南京掌翰林院事余有丁爲祭酒以前祭酒
姚弘謨引疾求退未任故也五月戊子監生呂
巍願告遥授部奏以虚銜授河南布政司都事

六月壬戌賜監生加納冠帶之例秋七月辛巳
命原任兵部右侍郎談愷孫如錦送監讀書辛巳
禮部奏乞特祀儒臣蔡清於鄉
勑有司春秋致祭如儀翰林院撰定祠額祭文以
稱表揚至意申工科左給事李熙之請也先是
河南道御史陳文燧乞照尚書章懋故事特祀
先儒吳與弼陳獻章及元儒吳澄
從之至是部請
賜額撰文一如前例得
旨姑依擬行所請祠額不許仍

命撫按官廉問所在鄉賢名宦祠釐正其不應者
毋致賢否溷淆以瀆明典閏十二月庚申吏部
酌開納事例監生得以背授冠帶
乙亥萬曆三年春正月甲辰吏科右給事歐陽栢獻
議申舊例以裨
聖治一曰均南北學職之選臣聞宋臣呂公著曰
王者之於教學莫不以國學爲先務葢國子聚
天下之秀講誦詩書服習禮樂長養賢俊爲國
器用故官於其地者提挈綱領祭酒司業之任
信矣其重乃若分布章程博士六館諸員與有

責焉非特懸褒異之典其何以勸忠顧南北
同一體伏覩嘉靖二十七年祭酒程文德奏
准南監博士及六堂官照北監一體行取嗣後北
監教授每年取選而南監獨鮮遂使人懷輕南
重北之心臣惟
祖宗建辟雍於兩京皆所以重首善之地而開教化
之原未易爲軒輊也臣請
勅下所司凡遇考績之年訪南監官行實年貌才
力相應者照程文德奏
准事例不次取用則各官知

廟堂待之爲不輕而銳志功名愼修職業亦礪世
磨鈍之一端也一曰重大臣錄後之恩臣惟
國朝任子之制蓋昉諸前代以酬償大臣夙勸百
工匪可一概畀之也嘉靖二十七年吏部奏
准京官三品以上考滿復職已經題請
誥命者槩無過故被劾方予廕卹及雖被劾而公
論稱屈不礙行檢者奏
聞此蓋世其祿而不濫其恩庶足爲鼓舞人心之
具近來考滿大臣以賢勞廕子而允孚於人情
者固自不乏然亦有生平履歷罔協輿論而其

後世猶得廕敘但屬貴游子弟槪從所乞不亦
失之於濫乎大抵
朝家之法任一官則必量其材晉一級則必第其
勞而至於世及之恩胡可無别臣請
勅下該部以後大臣自
特恩廕錄之外而以考滿乞
恩者俱如議非是族者擯不與則人情爭自磨礪
建立勛名置身無過冀不殄其世祿而崇班峻
階鮮有幸位者矣辛酉以虛銜授加納監生陳
筠爲光祿寺署丞丁卯國子監奏勳臣子弟皆

令入監教習疏云

國朝設立太學民之俊選皆得論壁然特以齒胄爲先義故古稱國學爲胄學明風教所自始輿賢之本務也

祖宗時彝典甚嚴凡在京勳臣貴戚除蒞事及年逾三十以外無論已未襲封俱令入監行之至今顧今法久而玩人貴而驕在監貴游年少徒掛空名月不能一二至臣等近行約束始知聽教然見在者鬧之既嚴而未入者漫不加考撥之事體終未畫一隆慶元年祭酒姜寶曾論之是

將送監肄業止有定西侯應襲蔣建元等數
三年以後更不開送顯爲驕抗教令不行臣等
備員師席惟是首善之地世祿之家一切係於
禮讓方能奉宣教條師正六館所關於風化非
淺鮮也伏乞
勅下禮部五軍都督府即將未任各職及應襲子
弟年十四以上三十以下者盡數開送本監教
習歲以爲常不得更待題
請其有託故不至及不守訓規者祭之并定立在
監限期考較等第以彰激勸之意

上從之四月己丑巡按浙江御史蕭廩爲故南京工部右侍郎程文德特疏請謚丙申召陳希美爲博士九月壬戌巡撫應天都御史宋儀望乞起用祭酒姜寶事下吏部冬十月丙寅北祭酒孫應鰲疏乞裒集英才以弘教育臣惟興化致理本之賢才成賢育材要於素養不素養士而求得賢譬猶不琢玉而求文彩也國家以科目取士得人稱盛頃我

皇上綜覈羣吏以風示天下天下吏士謂宜洗心滌慮克修厥職乃政以賄成官由寵敗者往往形

於奏牘此曷故耶臣愚以爲法禁於已著而敎化於未形忽未形之化而崇已著之禁臣恐植木不於其根濬水不自其源終非所以培養人材成士類也

祖宗設立太學凡舉人下第及副榜不仕者俱令卒業成均俾切劘久而資性純聞見博而才猷練躁心浮氣無所容而高明光大之域日日以進得人之盛職此其由邇來下第舉人率多自便反以入監卒業爲耻胄學空虛官師具位莫稱作人實意臣竊惜之臣惟士之未舉也鄉學以

居之師儒以聯之憲臣以考較之其時黜陟令嚴而罔不率教至若舉人在籍師儒之訓弗加憲臣之令弗及閭黨矜其資望有司待之有加身無所束而勢易以蕩即有志者不免陋僻寡聞之病而況無志傲僻淫流無所不至彼其初固皆論於鄉而稱秀者也一旦而至於如此不亦重可慨哉此非獨士之過也所以養之者無素而教之者未豫也請自今天下會試下第舉人未經入監及監事未完者移文本處督送之違者不准會試至來科會試不第亦如之庶使

觀齒讓之節而遜心生習考課之勤而文藝博

異日者隨材任用稱幸得人未必不由於此也

得

旨下其疏禮部是年監生人少在班不滿三百人

銓部請比照舊例疏通歷法舊制各衙門歷事

俱以一年爲滿歷萬曆元年祭酒林士章以在

監多人奏請增歷事人數而稍減其期爲九閱

月蓋暫行之者二年初亦視在監生徒多寡而

爲增損也至是國學空虛故銓部以一遵舊例

爲請所增歷數裁之期一年如故

制曰可乙亥吏部奏錄用儒臣以備啓沃申巡撫
應天都御史宋儀望請薦原祭酒姜寶也先是
寶爲給事中王禎所劾
詔奪職爲民至是巡撫直其事吏部請即咨巡撫
宋儀望再行查勘
上從之庚寅司業周子義等以考滿復職
丙子萬曆四年春正月甲寅巡按四川御史郭莊奏
遥授有疾聽選監生馮世維冠帶疏
下吏部庚申巡按直隸御史邵陛薦原任禮部尚
書前祭酒陸樹聲性資純粹學識淵源出類離

羣正氣足廉頑而立儒潔身洽德淸風可師
以作人疏上不報二月丙戌禮科給事中孫訓
疏請申飭冑監凡下第舉人已入監者方許授
教勳戚子弟年十四以上俱令入監讀書其未
人者不許襲爵從之三月壬寅祭酒余有丁稱
疾請告
上下其疏於所部未幾復以疾請
上留之令在任調治丁巳吏部爲故興化府莆田縣
陣亡縣丞葉德良請廕
詔其子鳳翔送監讀書夏四月丙子禮部右侍郎

掌祭酒事孫應鰲上言臣等待罪成均見今所
行援納事例有妨教化輒敢冒昧言之伏考
祖宗設立太學非舉貢暨勳胄恩廕不得濫入自景
泰初年邊儲不給始行開納之例然援例者皆
實充廪膳增廣附學生員且暫開即止未嘗以
爲不易之規濫觴至隆慶年間遂將停廪降增
降附降青發社斥退者通令入貲進監而先朝
一時權宜不得已之法遂敗潰極矣夫停廪降
增降附尤藉口在學若發社斥退旣褫其服又
復援而進之提學之憲條安在

國家建首善自京師始祭酒司業爲
朝廷作人於內學臣作人於外必在內敦樹風致
而後在外能振綱維今提學所擯斥之人盡可
歸諸太學倒置如此彼太學者不幾爲生員不
才者之逋逃藪數糞土之墻施以塗澤朽腐之
木更從雕飾不惟無所用之且辱
天子之辟雍甚矣此摩斥援例所宜亟議者也又考
民間俊秀子弟與告准附學名目在京官隨任
讀書子弟未經入學者俱令入貲進監亦隆慶
以來覆定事例也自此例行而富商大賈蕩子

頑童但入微貲咸得厠於成均之籍國學之污濫無以復加矣竊計郡縣之士必試以經術始入黌宮今則身未成童一丁不識者皆可驟躐賢關需次敘用是虎闈重地反不若黨庠術序之猶有推擇也且此輩淫朋燕佚呰窳比周無所不至此時在監爲士倡首他日服官爲民蠹賊成賢造士之意謂何而可以若是此民生擾納尤宜亟議者也昔唐肅宗時納錢百千與明經出身不識文字加三十千後世譏之宋孝宗令除歉歲入粟賑饑取旨補官外其餘鬻算一

切罷之論者謂爲識體臣等所疏在今日則係人材學政之典替在後日則係官常吏治之汚隆誠非細故伏冀

勅下戶部詳議如果經費大匱停廩降增降附生員暫許援例發社斥退者不許并不許各項民生徑自在京告納俱令本貫廪審身家無過送提學考試果堪作養方准援納苟軍國之需不至甚詘則請一遵舊制於停降以下一切罷之庶幾彝倫之堂不至全爲市易之肆敎事可興振德有藉而於足

國䅵用之意不甚相左矣疏聞下戶部議壬辰戶部亦言入貲鬻爵原非盛事郎如吏胥雜流取其有餘之資以濟公家之匱予空銜榮身尤不得已至若兩京國學賢士所關我

祖宗優養之厚期待之隆考課之嚴歷事之久本末兼舉至精至密凡以成就人材備為世用也乃今相沿開以為例豈

祖宗成法盛世事哉然猶謂其本學官之彥原有出身之資但令輸貲速化用秤

國計而不失才賢爲可偶一爲之耳豈謂濫觴至
此我
皇上以神聖御極和氣致祥物產漸豐百司各舉其
職惟正之供罔敢後期但能稍加樽節財貨自
裕即有邊費不患無以應之柰何長守此一時
之計縱使冒濫而不爲之所況近者欽奉
明旨勅提學官清理郡學不許濫收顧乃清之於
鄉庠而溷收之於國學法令倒置何以奉行臣
等切謂應鬻所陳各款亟宜除去永不復開他
若五城兵馬與光祿寺監事鴻臚序班均一京

官也令預納之例停於兵馬而獨存監事序班似於非體亦當并行停止除未奏以前在京告有通狀在途起有文牒者仍准送納餘皆立案不行疏

上令考退生員及俊秀子弟等例皆依擬停之監事序班如故秋七月庚戌大理寺以糾儀問監生白珠等納贖還役

上可其奏九月甲午改原任學正鈇世才於北監戊申監試應天御史陳堂奏監生蔣應熙父蔣山爲承差孫恩所賣行賄彭澤縣考官囑托場事

事覺治以罪以後考官仍請委官護送事下禮
刑二部冬十月甲戌祭酒余有丁稱舊疾弗瘳
不能供職狀於是始
予告歸田里十一月癸巳吏部會推起原任南京
祭酒姚弘謨改官北監其南祭酒事則推原任
南京禮部侍郎殷邁堂之甲午具疏以聞丙申
制下報曰可
丁丑萬曆五年春二月壬戌吏部建議開納令納銀
監生得遙授布政司都事職銜或冠帶聽從之
三月辛卯禮部奏

准會試下第舉人李淮桂等三千四百三十九名
送兩監讀書丙申南京禮科給事中彭應時上
言原任南京禮部右侍郎殷邁伏蒙
明旨令以原官視祭酒事臣嘗見邁步履艱難形
容枯槁年已幾於七旬疾病侵尋若責以資問
難而精考較如之何能勝其任且其溺志異端
何以一士子之趨乞別選年力精壯才望素優
者以充厥任疏
下吏部覆奏亦言邁合令休致
上不以其奏為然令悉心供職辛亥左都御史陳瓚

吏科都給事中陳三謨等奏爲科臣員缺數多乞將在外科甲歲貢三途出身推官知縣等官曾經撫按薦舉賢能優異者以實歷俸四年以上爲準或者未經剡薦而治行實高者不拘出身資格一體行取在京歷俸三年以上行人博士與進士出身中書舍人及國子監博士等官通行取選

詔從之夏四月壬申

命祭酒姚弘謨充經筵官壬午令老疾聽選監生得遙授州同知職銜庚寅祭酒殷邁以病乞休

致不許凡三疏吏部亦爲請

上從之壬辰

命屠義英以南京太常寺卿掌祭酒事監生茅遐吉沈德謙等恣行兇暴箠辱祭酒殷邁之僕錮之深居榜掠無數以繩繫持其手足繼以水灌之幾於非刑僕殷何相等痛楚欲絕祭酒聞使皂隸往救之并毆皂隸葉萃等司業周子義知之命典籍持牌曉諭距典籍門外不得入狂呼慢罵無師生體最後監丞至以理開諭者再三然後救解科臣言南雍風敎重地邇監生狂縱

若斯漸不可長宜申飭監規逮茅廸吉等問如
律乙未南京都御史林應訓等亦言我
太祖高皇帝創制立法羣天下俊秀而置之國學之
中聯以師儒優以廩餼需以爵祿將使其嚴憚
切磋有所成就而足以爲將來服官蒞政之地
嘗讀洪武十五年頒定監規其一學校之所禮
義爲先各堂生員每日誦授書史遇有疑問必
須跪聽毋得傲慢有乖禮法卽其平時講誦之
所其禮節之嚴如此一在學生員必先隆師親
友養成忠厚之心以爲他日用敢有毀辱師長

父生事告訐者卽係干名犯義有傷風化之將
犯人杖一百發雲南地面充軍其有事干犯之
將刑罰之嚴又且如此夫禮嚴于未犯之先旣
有以養其退讓之節而非僻之念自消刑嚴於
有犯之後又有以懲其悖亂之失而畏懼之心
自啓以故筮仕之日皆能愼名檢服官常故天
下言敎規之嚴者莫嚴於冑監師道之尊者莫
尊於司成此
國家所以建學成賢之雅意也慨自入國學者不
皆科貢之途席父兄之勢者則膏粱之氣難以

頓袪都富貴之貴者則頑狡之性未易遽化爲之師者或待以姑息則相率而苟安稍示以威嚴則羣聚而起謗日積月累陵夷至於今日放僻邪侈無不爲已雖其中未嘗無一二謹厚之士英偉之資然率爲風聲氣習所移求其能自拔於流俗者亦寡矣臣自入西臺以來聞其有縱費淫蕩而致破身家者矣迺又有巧製巾服而甘同優賤者矣有嬉遊街市逞逆而毆職官者矣迺又有馳騁鞍馬恃衆而犯大寮者矣甚至同儕相陷刻爲謗書而誣及陰私編爲戲文

以毀及妻子風俗日偷心術大壞識者皆以爲太學之中紀綱不振將莫知所底止然是數者猶尚知有司成也即爲司成者知其非猶可繩之以法也今也則益甚矣以監生而毆祭酒之家童肆其凌虐恣其辱駡即祭酒遣人救之而横如故監官親往諭之而横猶如故彼其鷙驁兇悍視師長爲何如哉蓋所毆止於殷何相輩而所辱者則不止此也昔人云忌器者憚於投鼠當尊者懼於叱狗今迹其所爲彼何所忌憚何所畏懼哉臣以爲國學之規至此蕩然而師

長之辱風化之傷亦已甚矣臣聞稂莠不去則嘉禾不生刑罰不明則教化無功南雍士風之壞至此爲極今又不重加究治彼皆侈然自是將來凡可以凌駕其師而淫縱破義者何所不至哉況國學者天下之觀瞻此風一倡萬一人皆效尤其於

國家之紀綱天下之習尚關係非小伏乞

勅下法司將茅廸吉等如法重究仍勅國子監申

明

祖宗之法去其時俗之弊凡有不率敎者卽如規治

之庶乎士習知儆而風紀亦振矣又言太學者
成賢之地而祭酒者端教之原也侍郎殷邁久
負儒名
皇上特起之使掌南雍之事謂其可以貞教而率人
也廼邁性故恬退病亦侵尋每懷求去之志莫
若因其勇退之情以遂其高尚之節別選精力
德望大臣掌南雍事於時禮部上疏一如二臣
之議
上可其奏下所司依擬行之邁清修恬澹雖間有物
議而清風可師百世士紳重之華亭陸樹聲邁

同道友也嘗謂遷鎮雅俗似房次律急流勇退似錢宣靖洞明宗旨則楊次公晁太傅至其信道之篤不言而默成視理學諸儒不知何如也世以樹聲爲知言冬十二月丙申改司業周子義爲北監司業丁酉屠義英自陳不職乞罷任不許庚子以翰林院侍讀張位爲司業

戊寅 萬曆六年春正月乙亥祭酒屠義英復陳乞致政疏下吏部丁丑南科給事中王蔚疏劾祭酒屠義英因言國子監士子寬則放縱而無忌憚嚴則怨讟横行此固由司教者不得其人亦在

監諸生多以匪人參之耳我
祖宗設立太學非舉貢勳胄恩廕不得濫入祭酒之
職視提學獨尊監規之立比學規獨詳誠以京
師首善之地太學賢士所關故育才成賢之典
不得不重自生員援例之途開而停降斥退者
進民生援例之途開而紈袴商賈之徒皆列籍
焉既無義理以養其心又多貲財以恣其慾於
是放僻邪侈無所不為往往干名義淫佚妄行太
學之汙辱至此極矣萬曆四年曾經祭酒孫應
鰲具疏請止近例一時國學清肅人情莫不稱

佚未幾而工部告匱此例復開馴至於今蕩
頑童常居十之六七臣謂此不速止縱祭酒得
人亦無以望教化之成且非特此也此輩朝釋
青衿夕即爲盜憑藉刑威侵漁百姓使
朝廷惻念元元之意不下究於窮簷小民困苦流
離無由安堵皆此輩爲之然則
國家亦何利而必開此例其毋乃非得計耶臣乞
陛下查照孫應鰲原疏
僉臣末議所關人材吏治誠非小補矣
上下其疏所部二月己丑

詔以許國爲南祭酒九月戊午工部請停止監生
加納
上然之
詔自是月以内曾經入貲授牒者姑准收納餘不
許所停止如監生儒士納在外三司首領吏員
加納京衛經歷典史吏典攺承差省祭及三考
役滿加納外衛經歷民間俊秀子弟與降青考
退生員納監入貲儒士加納冠帶聽選吏典納
贖復役等例皆停之仍留生員納監軍民納授
軍職五條遵奉原

旨開納以三年爲限而生員援納優免與民俊異
民俊僅復其身而止初以
大婚費重度支不給故暫開諸例至是吏部奏言
於選法有礙因取其不便者報罷焉而監生加
納冠帶之例舉行如故
萬曆七年春正月己巳己卯
命戶部侍郎吳文華子承照送監讀書二月庚子
令監生願告遙授虛銜者聽時喬諺以例授陝
西布政司都事三月乙巳廕南京戶部侍郎程
嗣功子道新爲國子生癸酉改博士蕭雲鵠於

北監夏五月丙午先是四月間鴻臚寺序班郭廷林偕乘四人輿赴飲道遇舉人監生聶文賢朱正色亦肩輿而來廷林惡其不避已捉家奴笞之時未識其何官已銜之矣去後詢知為序班則踵門大罵廷林堅閉不出明發鳩徒黨百十餘人直造其室捉廷林詣鴻臚訟於寺卿張煥廷林囚首去冠徒步隨往一市以為讙笑南京御史王許之言廷林僭御車乘非制且不應輕辱衣冠文賢正色以小忿之故聚衆噪咏凌蔑官長皆法紀之所不赦乞并逮問治以警官

邪正士習祭酒許國司業張位律以師範之失不無可議然時方季考閱卷正在放假之時文賢輩又以衙班新入非閑習有素不當坐累寺卿張煥論其操持無漸表率廷林素驕梗不循約束實非其諐宜一并宥之戊午祭酒許國等上言南雍士習驕悍恣縱已非一日臣等到任以來屢申戒約凡鷙驁黨比者格外加懲懸刻木牌著爲定例但遇有犯無問在監在歷一體械鎖謂示以嚮方需以歲月庶幾漸改不意文賢等新到玩習故常童心客氣隨遇輒發不禀

師長率意妄行遠近傳聞殊駭視聽若不奏
請處治誠恐將來效尤臣等又切自念謬以迂疎
叨爲模範德薄旣慚於躬化望輕不壓乎衆心
養素無聞申令不熟閱茲一歲尚爾猖狂夫三
軍不整先問持麾駟馬不調先問執轡以此譙
訶臣等罪復何辭伏望
皇上念紀綱風俗所關
國體人文攸係先將臣等罷斥別簡儒碩以正師
範
勑下法司仍將聶文賢朱正色究問以敦士習

上下其疏於都察院覆奏所議擬一如之
詔逮文賢等鞫問廷林削籍爲民餘俱免究此事
震驚一時自魏國公徐邦瑞司禮監喬朗以至
科道諸臣皆有疏參論之秋七月癸亥助教蔣
遵烈上表陳情乞移封典
庚辰萬曆八年夏四月壬午
命原任廣西巡撫吳文華子承勳送監讀書秋九
月丁丑學錄王大化以衰病不能供職懇乞休
致疏
聞下吏部冬十一月庚寅以治河勞勣陞總督潘

季馴子玄藻送監讀書是歲轉祭酒許國爲太
常寺卿掌北監事

辛巳萬曆九年春二月辛亥祭酒戴洵自陳不職
上命供職如故三月甲寅以助教陶紳爲學正夏四
月癸丑御史郭惟賢劾祭酒戴洵不職狀科臣
吳之美亦奏如惟賢言
上覽奏調戴洵外任五月丙寅以軍功廕總督劉堯
誨子際炎入監讀書戊辰以高啓愚爲南京祭
酒

壬午萬曆十年夏四月丁酉

詔修葺監生號舍以助教周仕階學正袁惟慶彭師古學錄程淡董其事六月辛丑廕廣西巡撫郭應聘子良翰

命下於萬曆元年以其年穉至此方入監秋七月庚子以監生充正副使齎捧誕生

皇子詔於所在開讀九月甲子歷事監生王文學等

上言臣等見於各衙門補歷恭遇

皇上誕生

皇嗣普天率土莫不鼓舞懽忻大小臣工悉蒙優典即四方逋負皆在

恩宥臣等原係
國學作養有年已經引奏上選緣各省場少有收錄以故不遠數千里赴京鄉試非有他圖去年十一月間部奏應試監生歷完者給引回籍本省科舉未完者赴部補歷此誠剔奸弊慎選舉丕振士類之盛意也但臣等遠方賤士僻處窮陬雖近遵新例改作歷滿上選然而遠者二十餘年近者不下十餘年歷年既遠壯者猶可需一命之榮垂老之人終於棄絕不獲徼榮於
聖世此臣等所以日夜惶惶不得不哀鳴於

君父之前也仰乞
天恩俯埀矜念
勅吏部准覆原舊上選日期則臣等補報有日而
聖恩罩及無窮矣疏聞
上從其請令改註選簿冬十月丙戌奉
恩詔廕禮部左侍郎許國子立功送監讀書
癸未萬曆十一年春二月丙戌給事中馮景隆疏請
召還前任司業張位先是位坐浮躁落職降調
補徐州同知至是景隆申白其事謂爲權相所
抑位嘗遺書勸張居正遵制居憂檢討趙用賢

以言事被謫位復爲詩以送之居正以此故黜
位散職以快夙憾位國學重臣不宜久沉下寮
倘召還使備顧問其於弼亮
聖德必有所裨癸巳廕都御史李憲卿孫與善入監
讀書戊申以南京掌翰林院事諭德王弘誨爲
南京祭酒三月甲申許以虛銜授加納監生光
祿寺署丞八月巳巳司業劉瑊當考滿疾病不
能赴京乞
恩歸田許之巡按浙江御史張文熙薦前祭酒戴
洵不報九月丁酉戶部奏疏通選法請停止監

生加納光祿之例

上是之冬十月乙丑用太僕丞趙志皐爲司業未幾

陞諭德壬申部奏提督四夷館缺少卿舉原任

祭酒姜寶堪任

上從之十一月甲午助教黄應春稱病不能供職疏

下吏部

甲申 萬曆十二年六月庚申廕遼東巡撫李松子李

漢熢送監讀書秋八月丁未祭酒張位疏陳國

學事宜切以京師爲首善之地而太學實賢士

所關

祖宗建立以來申飭弗替典制甚詳我
皇上履洽雍熙親賢講學頃者更有
勅令蠲除煩苛駸駸乎責人文而化成天下千載
一時也臣等猥以庸凡過蒙擢拔還秩播遷之
後起家譴發之中感遇酬知共圖稱塞量才揣
分深懼曠瘝惟夙夜黽勉思所以樹章程端型
範庶幾少盡師道無負於
聖恩謹摭一得敬陳六事一曰修衢舍以飭黌宮
伏念辟雍之地不特風教攸司
聖駕於此幸臨冠裳於此畢集乃今狹隘之規不及

郡邑之制乞
勅工部充拓街衢盡甃磚石前開壁水外列屏墻
斯稱清嚴可壯
國觀矣再照舊創號舍久多傾頹弗堪棲止并爲
葺修使樂羣有所承垂文教之先是亦淸時盛
舉也二曰優叙選以重儒官伏念博士諸寮多
出科甲以昇淸秩故臺省之選部寺之遷多取
本監之官實係
累朝之例若槩使陞沉劣轉何以隆師儒之任又
訪監屬上謁銓曹下與胥流爲伍大論其品秩

可視行人屬在師儒宜同部寺今都察院尚存此體相傳尚書汪鋐偶以小卻見抑遂成故事初非舊規鬪儒所當優未見士而可辱也乞
勅下吏部量其資序稍示優崇凡當考績之時加意章縫之輩上者仍入臺省次者當留京職必居下考方處外遷若其叅謁部儀查照都察院見行之規改從部寺僚屬之後亦崇儒之盛舉也三曰簡生徒以需仕用夫太學爲育材之藪今生徒反不及一郡國也臣切耻之舉人偷安亟須督遣迫試期而至者勿聽貢生就教當爲

限制四十五歲以下者勿聽至於援例雖爲濫
途宜於捄誚之中陰寓羅才之意今入貲者俊
秀居九學員居一至有不解習字無從施教者
此輩他時或司民社殊玷冠裳臣謂學中生員
進取既以從寬輸納亦可示廣倘原數稍爲遞
減則援例來者必多匪特澤宫所收皆出羣士
亦司計者裕
國之策也其由俊秀者務令考擇如係白丁徒冒
青衿到監時臣得驗試遣歸則
國費無匱乏之憂而雍庠亦可收造就之效矣四

曰備經籍以備教典夫太學設典籍之官令無
其實而徒存掌故也臣切惑之經術爲教化之
源辟雍乃圖書之府自昔辨謬証譌必以秘書
及監本爲據葢
內府所藏者天祿之舊而大學所貯者則明經之
遺也先臣丘濬童承敘等屢以爲請因循至今
遺失益甚臣謂南監有十七史而十三經註疏
久無善本容臣等率屬訂較工部給貲鏤梓於
監可爲明經造士之助
內府凡有板者乞各賜一帙在京衙門條例等書

盡令刷送在外郡邑刊刻諸書責令入覲進表
官員順便齎投載籍既完數有具則遺書無
湮沒之虞而典籍亦非虛曠之官矣五曰復科
舉以廣試途夫科舉之制兩京監生中式者三
十五名就試者一千餘名叅合監與歷而有此
數也各省曾無監生中式之額故歷年掛選有
志場屋者仍許起文赴部考選萬曆七年申明
題
准俱令完歷給引不妨科舉至九年議禁科於原
籍聽考本省進場出令未信立法似苛臣謂貢

生歷有歲年民生貲已輸納旣陞太學亦幸觀
光而復令隨童儒之列試郡縣之途至於督學
收取亦爲僅見省闈獲儁更所未聞終於自棄
不無可矜宜照舊赴京入試爲便倘以濫收爲
嫌乞查先年舊例令各衙門撥選監生合考公
錄庶各省諸士無向隅之悲而積學登庸者出
矣六曰議考選以通銓法夫仕進之期監生正
歷二十五年雜歷三十餘年蓋必平日暮窮途
而後官也志氣衰遲職業隳廢
國家亦奚賴焉今舉人有揀選之例吏員有考中

之條獨至監生滯於銓法臣謂隨材授任不拘
乎類爲官擇人當及其時宜比舉人吏員條例
斟酌通融令監生完歷守選至十年以外者許
每歲赴部聽選擢拔數名即與註選或稍加優
異其不中式者仍令循格待年明隲公許務宜
精當毋或狥私以啓倖途庶乎負才者毋過期
之嘆爭相踴躍勉修一職而乘時效用也伏乞
聖裁
詔部議之壬申禮部覆祭酒議是自今以後凡舉
人下第未經入監者不准會試歲貢

廷試後本部嚴加查審必年力果至衰憊方許就
教餘弗許無論道路遠近俱送監肄業至於援
例一途在外聽布政司在内聽上納衙門過告
納者驗其人三十以下試以文義其不通者不
准收納仍令監官嚴立章程以教督之雖當發
歷之期非粗通文義者則并不許張位言誠有
可嘉而加意經籍尤非迂論臣等冒昧以
聞
制曰可癸酉吏部覆議亦云據祭酒張位條陳優
敘遷以重儒官臣等切以國學賢關重地以故

丞博等官取諸科貢正途往往選授臺省部寺
此舊例也舊歲僅止一二人緣各官資俸偶應
非故有所裁抑博士助教學正學錄原無軒輊
至於遷轉槩亦相同如博士孟汝藩吳世祿李
鵬舉方充等俱陞通判其見部儀即舊相沿已
久念其儒官稍假體貌亦未爲適監丞責任頗
重品秩實與行人相等今後監丞叅謁部儀視
諸行人其博士等官果能砥礪學行不忝師儒
并稽其資俸或選授臺省部寺以示獎異惟績
効未著者仍舊外遷則於崇儒之中不廢辨官

之法國學得人而賢才之作養其有賴矣又欲
復科舉以廣試途伏考萬曆九年祭酒林士章
條陳請以歷完給引監生有志科舉者挐考於
吏部時部議不同請令各於原籍科舉臣以為
可兼行之其願來京有原籍起送公文者聽不
願者止于原籍應試亦毋得故為阻抑則科目
弘登進之途而人才無終棄之憾矣又欲議考
選以通銓法臣據監生上送到部原有舉貢納
粟之分舉貢正歷約候五年雜歷八年即已選
除惟納粟正歷約候二十五年雜歷三十年方

得正選每選三年大察之後府州縣首領佐貳官多缺舊例選守選六年以上者補之至萬曆五年本部循例擬授司務等官奉
旨如嘉靖九年例行之今欲令監生守選十年以外者每歲赴部聽試擢拔蓋亦有疏通選法之意但歲貢舉人選期未有過十年者惟納粟者守選年深誠爲少淹然令每歲赴試則員缺有限又有行取正選人數恐不免於壅滯今大察之後府州縣佐貳之缺多於正官宜將納粟監生正歷十五年以上者與歲貢監生一同揀選

授以此職其選退者回籍守候正選不許再選
廡輸貲入仕者亦得及時效用而天下無滯才
矣
上悉可其議冬十月庚申祭酒張位疏陳孔廟從祀
之議竊惟諸臣從祀既以表章先賢亦以風示
後學最重典也頃
皇上因言官之請特下禮部
命儒臣集議臣等待罪辟雍有關職掌願借箸而
畢陳其說焉臣聞之聖人未生道在天地聖人
既生道在六經六經之傳與天地並也夫自古

聖人多矣獨崇孔氏非謂其删述之功開羣蒙
以重憲萬世乎
明興二百年來右文之
朝久道之化猗與盛矣止祀一人不妨多議臣以
無其人而取數之多者濫也有其人而責備之
過者苛也肇舉儀章匪徒粉飾爰視功載自有
權衡葢羽翼六經之功有二焉曰宗源曰修踐
宗源者道之體也修踐者學之方也夫道若大
路然知宗源而昧修踐是識路而莫由者也知
修踐而昧宗源是冥行而不察者也神化性命

直窺帝則是爲宗源實體眞積無歉躬行是爲
修踐斯二者以言乎適道則均也先秦燔坑之
後經術熄矣漢儒則傳經之義而六經賴以不
亾叔世沉溺之久理學晦矣宋儒則窮經之理
而六經因之以益顯至於
昭代斯道如日中天經術旣備理學亦明即有著
述微言不出漢宋餘緒臣愚以爲今日議崇祀
者不宜專據著述但當衷考生平或於踐修無
愧或於宗源有窺皆可稱羽翼之功而列俎豆
之間也夫道者貫萬世而無弊者也凡言學者

隨時所習因性所近也凡言教者救時之弊拯性之偏也尚宗源則其流或偏内而弊也虛尚踐修則其流或偏外而敝也腐天生豪傑起而振之俾有裨風教卽有功聖門至其流遠支分或失初指未可沿流而咎其源因枝而疵其根也今之儒有競虛華之談而闊略行檢者矣若薛瑄胡居仁踐履篤實足爲後學之模以修身爲教而有功於六經踐修者是可祀也此外若蔡清羅欽順輩皆其徒也今之儒有局支離之跡而蔽昧本源者矣若王守仁陳獻章悟識通

融能發先聖之奥以傳心教而有功於六經宗
源者是可祀矣此外若羅洪先王艮輩皆其徒
也斯二者誠不可偏舉而獨遺況薛瑄之讀書
錄胡居仁之居業錄固未嘗無所發明而守仁
之事功卓犖獻章之孝義明彰亦未嘗有遺踐
履臣以爲兹四人者同功一體所當並議從祀
者也其餘諸子尚可次第而舉之又竊觀古之
人心善成人之美而尚公今之人心善求人之
過而多忌惟公則取其大而尚略其細惟忌則
摘其短而并棄其長富貴功利淪骨薰心忮嫉

詆誹索瘢求垢悖理傷教者藉口以文其過講
德談學者設詞而助之攻操戈之徒各有異喙
盈庭之議漫無折衷即令孔孟再生程朱復出
難乎免於今之世矣是誠何心哉仰惟
聖天子主張於上賢輔弼贊襄於下言路申請輿論
大同者千載一時而臣等蠡見管窺敢陳淺陋
或亦千慮之一得也乞
勅下禮部議覆舉行除薛瑄已從祀外將王守仁
陳獻章胡居仁一體從祀則重道崇儒之化彰
而於表章風教之典不無少裨矣

上下其議禮部十二月乙丑

命大學士許國子立德送監讀書立功廕中書舍

人是歲祭酒黄鳳翔由諭德掌南院陞任

志之四終

南雍志卷之五

事紀

乙酉萬曆十三年春二月乙卯南京浙江道御史李一陽上言科場夙弊臣惟兩京科額各中監生三十五人故每科就試者一千有奇先年議得完歷給引者各就本省考送入場近祭酒張位題覆兩京應試已舉行矣夫太學賢關其間懷瑜握瑾者固多而入貲干進者亦自不少此輩學業未就乃有好事之徒欲傳應舉虛名以誇耀閭里遂至夤緣僥倖濫竽名籍及其入試徧

訪同號卑辭問叩或索抄謄或買代筆此其積
弊蓋種種矣臣按巳前事例凡應舉生嚴加考
較不許以初學之士冒濫其間違
制者有罪夫初學者且禁冒濫况不識一丁者乎
臣請
勑下該部通行申餙兩京各衙門考送監生必秉
公遴選不得濫收溷錄致妨賢者之途其入試
監生有投空卷及文理大謬者考送官連坐越
號抄謄代筆等弊問如律疏下禮部庚申巡按
浙江御史范鳴謙薦舉原任祭酒戴洵不報三

月丁丑祭酒黄鳳翔疏參不檢屬官博士臧懋循乙酉
旨下降調外任夏五月己卯祭酒黄鳳翔稱病請告不許六月辛丑改原任南監司業劉瑊於北監冬十一月癸巳祭酒黄鳳翔以監試御史党傑論奏監生不法蜚語訕上違犯學規得
旨逮法司治罪鳳翔奏曰臣始聞其事即面諭屬官密行體訪隨據各屬官云諸監生無敢有倡狂鼓衆爲無名帖子事者夫諸生列籍宮墻習聞禮法使誠有之臣等實與御史共憤所願得

而甘心顧臣庸劣不才叨司胄教省循表率誠覺多慚特以肅持紀法繩督生徒兢兢焉恒恐隕越今者應試諸生在本監肄業者僅五百餘人而各衙門歷事凡八百人必謂無名帖子的係在監諸生所爲恐未必服夫監試者有兩御史而諸生獨愆一人就試者尚有各衙門監生而御史獨歸咎于國學此於事理皆不可曉夫帖而藏名其謀必詭蹤跡既秘時日且多而欲後時而爲鈎鉅臣等之力實所不能況當時應試諸生在班肄業者今已十無一二遽以行法

不能無寃伏乞
勑下南京都察院與臣等一同廉訪務求明實固
不得徇私故縱以長驕肆之風亦豈得偏執成
心以開告訐之釁庶罪人斯得法紀可明矣
旨下一如鳳翔議
丙戌萬曆十四年三月巳亥吏部奉
旨酌議開納以濟大工令監生得以貲授兵馬等
官挨選丁未以左諭德趙志皐爲祭酒巳酉吏
部尚書楊巍言輸粟拜官原非美政向因邊儲
告匱工役繁興不得巳而爲開納之例以濟目

前但此例行而選法始壅吏治揉雜民不安矣

夫

朝廷之設官本以爲民士人之仕進豈曰牟利若開納途廣使援例者得以朝輸貨而夕拜官操劵取償貪所必至蓋未有以利而得官不以官而漁利者也計其爲吏多恣掊克谿壑之慾未盈則囊橐之計不止此輩服官其爲民害豈不甚大卽不然而以市井紈袴之資膺蒞民治事之任一字不識庶政何知況彼所輸納初不過三四百金而錢糧之所優免食俸之所霑潤其

數巳足相當衣冠名器直攫取之耳先是御史周希旦建議停止巳十之五六今戶工二部見舉行者三十餘欵尚多可議如監生納京職免歷免年等事納之又納捷于推轂易於販鬻取利少而致害多苟且一時而患遺後日所關吏治民生誠非眇小乞

聖明裁擇之

詔下悉如議仍令着實舉行毋虛文塞責夏四月壬申以修撰沈懋孝爲司業未任五月巳亥乃

命編修余孟麟爲之乙巳吏部文選司上言本部

開納總計舊例二十五條萬曆八年間摘去其
七於中除生員以貲入監一十四欵及遥授虚
銜無關選法者他如監生加納序班等例乃者
四方災患頻仍多所蠲賑以致司農告匱物力
難支所頼接濟邊儲以爲毫髮之助者以虚名
而易實利耳請自今叅酌舊例擇其可行者仍
舊開納以裨
國計戊申南京吏部右侍郎前祭酒姜寶引年乞
歸
上以寶才望素著令遵新命不准辭六月丁丑吏部

尚書楊巍祭酒張位陳言選法議以納粟監生
視歲貢監生例擇其文義精通者授以府州縣
佐
上如其議冬十月乙酉巡按浙江御史王世揚薦舉
原任祭酒戴洵
上下其疏吏部
丁亥萬曆十五年春二月辛丑
詔以祭酒趙志皐陞少詹事志皐以不職辭
詔不允而用趙用賢爲祭酒三月乙巳
予祭酒趙用賢等

誥命冬十一月戊戌南京禮部上言三年大比將
以爲
國家求才也南場乙酉科以前所司多被物議曾
經處治一二矣臣以爲處治之於後孰若愼重
之於先臣鎮江府丹徒縣人去南京不滿二百
里而近臣歷試五科而後得舉於一切積弊亦
嘗聞之稔矣秋又屆試期臣忝禮官得與場事
敢以科場當革諸弊陳之
陛下惟
陛下留意幸察一監生宜分別號舍此輩多有學問

未成而希望中式者盖已通關節或遇場屋規嚴難於代替則買求同號舍能文者數人共成一卷乙酉科御史党傑監場不許監生與生員同號誠爲有見臣請以後監生生員分别號舍一如党傑之所已行敢有抗違不服者重治之

一附選生宜原籍考送竊以所在應試生儒同批同結得相認識故少代替之弊監生在監肄業及各衙門歷事者游處既同眞僞可辨惟已附選及已給引移牒而來者或收考原歷或總考吏部年深地遠辨識爲難多有代倩等弊如

客歲科臣所言一生長日浪遊未親試事而揭
曉之後忽來謁
廟自稱中式此皆年深地遠之故無由別其眞僞
也臣以爲欲杜此弊宜令若曹盡在本處與生
儒一同結送提學考選拔其隹者即送本省鄉
試如此則夙弊可杜矣臣又惟近來在監在歷
應試諸生多椎魯無文以此入塲徒增溷擾曾
何益於賓興之數臣故謂監生應舉人數寧失
之隘毋取腐爛以溷有司疏
聞下禮部知之

戊子萬曆十六年春三月巳丑應天巡撫余立奏華亭縣監生顧正心毎年捐資四千兩買田津貼巳近十年合

賜旌表戊戌南京禮部尚書前祭酒姜寶引祭酒蔡清事例乞特祀故淮揚撫都御史唐順之於鄉癸卯祭酒趙用賢請修學宮以恢

聖化事

下工部夏四月戊午廕原任南京兵部侍郎王充敬子承芳爲國子監生甲子祭酒趙用賢以申

飭監規修明

祖制上言竊惟
祖宗建立南北太學所以羅天下之才而備養之禮
樂之地其體至隆故其規條亦至備二百餘年
以來南北並重無少差焉然今日胄監在京師
者數爲
皇上之所臨幸四方之所觀瞻故其申飭特爲周詳
而南都僻在耳目之外遂有一二廢格及法制
不能畫一者臣等猥以凡庸仰荷
推擇濫叨師儒之職自揣不勝誠日夜以思求所
以無愧職業而奉揚

朝廷作養人才之至意除講習差撥等事因循冐

濫臣等得徑行釐正者不敢上瀆

天聽所有事關職掌而成規久弛墜典宜飭者謹條

上七事伏乞

皇上俯垂採納

勑令舉行則不惟

祖制修明而臣等奉職無狀亦可以逭其萬一矣一

曰請復勲胄送監之制臣惟求將之道必先悅

禮樂而敦詩書盖謂文事武備兼資而後裕也

我

聖祖命公侯子弟入監讀書特起龔斆爲司業又
命國公李文忠兼領監事有頑梗不率教者加之
朴罰
成祖以永康侯徐安建平伯高福安鄉伯張安年少
未諳禮度皆命入監成化弘治中命公侯伯駙
馬子孫自年十五以至二十皆依監生讀書作
課講習禮儀雖公爵已襲而無職任者亦依此
例則
祖宗時重此制久矣今京師太學見在舉行惟南京
自隆慶初年奏

惟俱遵舊例送監肄業未幾復廢臣以爲
祖宗之立此制非故爲好勞也其深意固自有在今
國家求將往往乏才而世胄子弟縉紳悉鄙之爲
紈綺白丁無足比數此無亦實自棄暴與臣以
爲世祿之家其感恩思報當出尋常而韜鈐世
業日所講求又當出尋常萬萬乞
勅下所部一如京師事例凡勳戚子弟應襲者悉
送監俾臣等稽其勤惰督令徧讀五經兵法諸
書親與講論期於曉暢兼于五經內別授一經
課以字義令他日涖軍行政不致愚蠢敗事其

進監時雖體貌少別於諸生然亦當仍用儒衣毋得紆紫横金徒騁服色若非襲有職事及奉明旨叙用勿得輒規避以長驕惰如有此等亦容臣等糾罰之庶可豫儲將帥之材而上紓聖衷拊髀之慮矣二曰請修遺賢薦用之典臣等竊見

國初人才悉歸太學故當時所舉用者亦超常格至今以為美談臣不敢遠舉如成化弘治中舉人陳獻章湛若水或以薦起或以徑赴會試其後皆為名臣此我

朝極盛之日故其得人亦獨盛也近世太學雖設不以羅天下之才納粟之例加納之令頻開數下昔之賢關今爲利屋即今在監非無一二能文詞者不過厭文場之艱於獵取故假此以爲捷徑耳非若曩時所務皆實學所蓄皆眞才也臣等以爲天之生才不數而我

皇上文明化成則應運而産當不乏人竊謂薦擧辟召之令亦宜間一擧行使天下知

朝廷所注意不專在入貲而士風向慕亦稍知有

道德之重臣等自數年以來專意採訪如江西

建昌府新城舉人鄧元錫飭躬厲行志希聖賢行既不爲詭隨才實堪於經濟臣近讀其所著五經繹經史諸書精深宏博皆能悉載籍之微義他若三學編潛學稿等書皆淵邃成一家言及採鄉評暨仕宦之在江右者言其親終廬舍能立倉以贍一邑之人諸所施設斐然可稱蓋嚴毅似胡居仁而博雅過之其見稱人士如此吉安府安福縣舉人劉元卿惇行古道潛心大業其制行方潔一毫不苟於取與小大百爲率由禮義元卿所居鄉最稱善訟今皆化其德無

犯官府先年已經給事中鄒元標薦臣等覆訪之無異元標所言特其著作少遜元錫耳陝西西安撫藍田縣舉人王之士孝弟力田行不踰軌敦悅詩書佩服禮義縉紳之徒多稱之是皆

古逸民

聖世之遺賢也臣以爲如元錫者處之禁近可備采擇即用之縣郡當爲循良元卿雖自毀其引宜如湛若水例或令之會試或督之赴監勿使終老于山林或準近日王敬臣故事授以京銜使足表率一鄉而矜式後進誠今日風世之盛

執也伏乞
勑下該部再加詳訪特
賜錄用臣考隆慶三年祭酒姜寶薦舉人傅泰趙
蒙吉等皆巳列名國子故敢薦揚臣所舉三人
實與同類三曰請嚴監生久曠之罰
國初群天下士子於太學敎法甚嚴無敢曠廢自
入粟援例之制一開當事者鄙之不足敎而此
輩亦樂於弛縱假托規避玩愒歲月自嘉靖四
十一年至今其告曠丁憂不復班者共一千二
百七十三人中多歿喪革斥及年老自甘廢棄

者猶掛名在籍歳歳登報設有已經負罪問革時移事故朦朧府縣起送復班者亦何從而詰其奸僞

祖宗時分別違限監生送發充吏有告親老子幼乞歸至編戶保安州者臣等不敢詳舉成化中納粟之例開已久矣然陳敬宗請以入監違限者移文催促如更違發遣充吏凡患病一年之外不復監者放爲民弘治六年申明舊例各省直以遠近爲期三月不到監者發充吏嘉靖間亦申飭數四不廢舊章自萬曆十年以來南京祭

酒高啓愚等累行催督視若故紙乞無一人至
者夫人情惡檢束而樂放縱不有以提誨之雖
賢智不免怠肆況此輩皆膏粱紈綺習於驕惰
者哉今
國家往往罪郡縣之吏貪濁庸縱而不知他日之
官百執事皆此輩爲之也居平任其偷惰臨事
責之廉耻是猶取燧于淵而索氷於火必不能
矣伏乞
勅下該部通行各省直照弘治十八年奏
准事例凡舉貢納粟等監生已經入監其病故革

斥者報作開除久不到班經二十年以外及年
老廢疾者照例與冠帶或如近日生員加納儒
官量納幾緡以濟邊餉亦即與行監開除其十
年外不復班者嚴立程限亦照舊例兩廣雲貴
限一年陜西福建限七月浙江山東山西湖廣
限五月兩直隸限三月不到者或行提問或徑
除名舉人入監視祭酒程文德姜寶題覆事例
未經到監者不許會試其臨逼試期而來者并
不許歲貢年四十五歲以下亦如舊規皆送監
肄業毋得輒告就教僥倖科舉凡此皆係

祖宗定制非臣等敢創意見以滋多事也四曰清查
錢糧積逋之弊謹按本監乾魚膳夫銀數定於
弘治十七年祭酒章懋及馮御史所奏乾魚銀
按月分散自有舊規惟膳夫銀自嘉靖十年祭
酒許誥林文俊費寀先後建議以十分爲率内
除一分以充修理公廨用一分充當廟戸其餘
按月均散師生今行查典籍並無分毫貯庫而
稱湖廣布政司及蘇州府積欠爲多臣等以爲
此係
國家養士盛典安可容其積逋惟以爲閒曹不急

之費故爾稽緩不知監中日有支放必有所儲
況今歲值賓興諸士駢集所支更多使臣等束
手無策何望藉以充修理哉乞
勅該部速令催解或差官坐征仍令編入巡按御
史考成冊内毋使視爲不急以致遷延五曰請
正儒臣崇重之體
祖宗時崇重儒術禮教優異國學諸臣宴錫班位皆
出常格故我
宣宗章皇帝諭陳敬宗謂司業乃師表之任儒者之
榮又

勑教官中有才學出衆者尤當不次擢用
聖謨洋洋布在方策遵行二百餘年矣然在今日
不能無異司業在
朝班中皆隨坊局等官而南京敘立乃在光祿五
品之下六堂等官其品秩可視行人況在師儒
之職宜示優崇今見部之儀乃與雜流爲伍須
自祭酒張位乞申舊規僅將監丞提爲上見博
士以下則猶仍舊夫丞博六堂諸臣多出甲第
或教職經薦始擢此官昔年常與行取得選臺
省次擢部寺又次始外補府倅及考近歲最上

者不過一轉各部司務而通判之擢遂以爲常
若行取之舉則視爲曠典矣夫諸臣旣以上考
而入乃以劣轉而出甚非所以隆師儒而示激
勸之道也至於賚捧
奏箋每聞歲委堂官一員與鴻臚光祿諸衙門輪
膺差遣臣考成化中嘗差學錄明輔常纓後以
堂官專司教事不預差遣而止夫往來道路所
費不貲儒官寒薄當爲體諒伏乞
勑下該部兩京一體其司業班次准在京朝叅規
則堂官見部奉差二者法當釐正至於陞遷之

日亦量留行履端正才識優長者三四人以充行取之選顯示拔擢俾知所勵臣等非敢妄自尊重顧此

祖宗崇儒之盛事所當修舉於今日者

附論 非止崇儒正以勸賢甲科自州縣改教者入國學即爲部屬鄉科爲教官屢薦者首陞國學次陞州郡而爲國學復或陞州郡何也

六曰請申在監加納之禁伏考

祖宗時國子之制皆取諸四方英俊躬有道術之士故其教典弘敷得人稱盛自景泰中邊事告急

始開納粟納馬之例嗣後亦偶一開納不以爲常惟正德十六年凡三開此遂爲濫觴之極大臣累請停罷至我
世廟初年即
詔嚴禁上粟入監者仕途爲之一清頃年以來襲爲故事甚者戶部今歲開一例明歲又開一例要以濟急而不暇及于名器之濫矣向來應
詔加納者率皆在歷年久與歷事掛選之人未聞方在班而即爲加級之圖如近日者也臣於二月中有監生王紹元告稱赴部加納臣竊疑之

而稱舊有此例在前有楊九重余紹堂郭登俊等數人已爲之先矣及查十五年十月初九日工部開例條欵止稱監生選期未及預授兩京及在外職銜先給劄付冠帶聽候挨次選用則所謂選期未及者乃歷滿赴部聽選之人非所謂身尚走班而便可名爲聽選預授以職銜也此例一開使少年競進之徒群然趨命致有晨而衣巾傴僂班次暮而冠裳招搖閭巷甚非所以肅體統而齊整教道也七曰請復監考防檢之役

國初本監考成或
命公侯或命大臣監臨詳閱其事至重自納粟入
監之例一開積分之法遂廢而試事亦以輕緩
惟春秋二季及科舉一考差爲嚴密舊制每當
考期本監預爲行文五城兵馬司借用弓兵百
二十名以爲搜檢巡視之用近者建議裁革去
秋季考臣等親自搜檢懷挾之弊往往有之本監
人役既少又兼平日素與監生相識豈肯盡法
窮搜甚且有爲傳遞者關防不周欺蔽遂積而
科場之弊亦因茲以生矣至於春秋丁祭薙草

夫役舊皆取用地方人夫百名今議每祭不過
三十名而罷使堦除之間宿草叢生甚非所以
肅趨蹌而尊
先聖也伏乞
勑下該部詳加酌議
准復舊制於是吏禮二部復疏其事以請
上命吏部議鄧元錫所應職銜餘俱依所擬庚午司
業余孟麟陞司經局洗馬視北司業事五月戊
寅改南職方司員外張一桂爲國子監司業桂
起家詞林歷諭德改部屬者也巳卯都察院左

僉都御史詹仰庇爲故祭酒蔡清請謚乞從祀
疏言帝王之治莫先於重道而崇儒夫重道而
崇儒者帝王所以厲世磨鈍也風化人心世道
國脉於焉攸係我
朝治教休明皆由
列聖相承以重道崇儒爲首務我
皇上紹隆聖統茂明帝學尤孳孳汲汲加意儒碩而
表章之是故士之幸而生於我
朝其妙契聖眞如薛瑄胡居仁陳獻章王守仁者
既得進而從祀孔庭廟食百世而餙躬砥行確

守聖賢之正軌如羅倫羅洪先者亦得謚爲文恭文毅以六品之秩而被華衮之褒盖所以闡揚往哲廣厲來人也乃臣之愚以諸臣之外有德足以崇祀而無愧而俎豆之議未追賢足以得謚而不慚而易名之典未著則臣於其鄉得一人焉南京國子監祭酒蔡清是已按清平生事實臣聞之故老讀其著書考諸

皇明政要理學名臣錄通紀吾學編獻徵錄八閩志之所記載參諸海内縉紳之所議論確然有據者敬爲

皇上陳之清以成化甲辰進士爲禮部主事三年調吏部復除禮部既而乞南既而請告正德間起江西按察司副使督學政當時寧藩内蓄異志而外以虛禮與士大夫相結籠以智數脅以威權蓋無不遊于羿之彀中者清獨守正秉體矻然特立故事三司以朔望朝王至其賀王誕日清又獨去朝服寧庶人銜之於是有乘間言清與林俊厚者寧庶人益忌清清遂引疾去嘗語人曰寧藩所謂智足以拒諫辯足以飾非今雖逆節未著然竟可慮但願老天祚宋而已蓋是

時已預見其微矣既家居杜門掃軌潛心力學其學以五經爲正宗四書爲嫡傳周程張朱爲眞派研窮細繹編摩闡解有四書易經蒙引性理要解諸書盖朱熹發明聖賢之旨而清又明朱氏之言四方學者宗之至於今不廢乃其篤志好修省身克己行不愧影寢不愧衾則又見於密箴一書今觀其言皆身心性情之要而不事口耳天下

國家之實而不爲玄虛與瑄之讀書錄實足相擬

先臣林俊稱其凝重端雅操養力專而進取之

念輕好古之思篤其高風淵軌使人躁息妄消鄭曉稱其明經博學體潔心醇氣清而色和外簡而內辨可謂知清者臣嘗取清生平反覆論之力抗藩王獨立不懼勁節也方寧庶人舞智炫才盛有稱譽而明炳幾先睹於未形早見也超然遠遯不俟終日亭亭物表皎皎霞外高行也平居非聖人之道不談正學也躬行實踐不愧屋漏貞修也朱熹有功於聖人而淸有功於朱氏羽翼經傳折衷群言即今經筵日講及諸儒臣之所傳誦多采其說推之四方家傳戶誦

佐
國家萬年同文之治於無窮懋功也若其屢辭名
位而不居退甘窮約而無濫官至四品家無數
金恒稱貸以爲用貴而能貧此猶其細者而行
文陟士藻鑑精明識陳琛於塵埃拔舒芬於困
滯賢人魁士多出其門此亦其緒餘耳臣嘗以
爲使當時江右諸司得如清輩數人則据經守
正當有以逆折其奸萌而淮南之謀必寢使清
不去去而不死且復用則弘識訏謨當有匡扶
乎時事而東山之望必收使仕者而知所景行

則澹泊寧靜必無干名競進之心學者而知所
向方則篤實潛修必無好高爲人之病士之明
經薦舉者但習清之書守清之說而不倍則其
所爲文必粹然一出於正又安有離經叛道操戈
入室而流于二氏六子之歸者哉
皇上方留心九經崇尚正學惟士習文體爲拳拳臣
愚謂欲端士習而正文體則請表章以風勸之
者惟有從祀及謚典耳曩議從祀時在
廷諸臣多以清爲可後以其典重而舉不欲輕姑
緩之以俟定論乃清之賢無愧於薛瑄胡居仁

陳獻章王守仁羅洪先之儔即從祀之典尚須
再議若且
予之以謚斷不爲過此非臣私論實在
廷諸臣之論也亦非臣及在
廷諸臣之心而四方人士所共仰望之心也抑臣
又有感焉前代從祀率不乏人以區區之宋周
程張朱四子外猶有邵雍司馬光楊時胡瑗歐
陽脩等乃獨我
朝二百餘年而始進一薛瑄又至往歲而始進胡
居仁陳獻章王守仁三人則已誇詡以爲盛即

以造詣踐履篤實純粹如蔡清者猶然靳之俎
豆不得躋歐陽修胡瑗之列何我
明之不逮宋遠也無亦持議者操狐疑之心甘於
所聞淡於所見屈服前代而責備當
朝遂使俊偉之流品嚮於評論之苛而昌熾之人
文折於慎重之過乎甚非所以紹續統緒褒揚
盛美耀既往而示將來也臣願
皇上加意一代之規稍弘崇奬之路
勑下該部查訪如果臣言不謬先將蔡清比照羅
倫羅洪先二臣事例

賜諡易名而從祀之典不難再議而續舉焉仍將
我
朝諸理學儒臣博訪精核或當請諡或當請祀一
體表揚令人知
聖意之所向在於彰儒行崇正學其於風化人心世
道
國脉所俾非淺鮮矣疏
聞下禮部知之五月己酉禮科給事中苗朝陽言
兩京鄉試例有監生三十五名歷考累科中式
者南人十之九北人十之一葢風流人文原自

不同臣等以爲亦宜照會試例分别南北量名數以取中不使北方質直之士至於擯落而南方爲偏勝閲一月丁巳禮部上疏言既分南北必有中卷分析太多事屬煩瑣且歲貢入監者少而納粟之子率無意於科名萬一填榜之時額數不足反爲難處不如仍舊便科臣議遂寢不行巳卯禮科都給事中苗朝陽言

國初首建太學慎選郡邑廪餼之士貢之國而作養之以備異日之用原未有民生入監之例故

京門解額之增爲貢士設非爲援例設也正統

間偶開納粟之例以濟邊方後來因沿援例漸
廣即才俊之士厭學較之拘檢多由此途以取
科第然當其援例之始猶嚴爲稽審也今則不
能如當日之制於凡生員俊秀子弟必有原籍
官司文結可憑方准實歷其否者駁之惟取鄉
官印結咨部送監雖移文原籍務行採訪徒文
具而已夫所取鄉官印結者以隨任讀書子弟
而言非可槩以爲例也且所取印結亦止於同
鄉之衛經歷或各城兵馬至其他曾干罰譴或
曾經罷閑或身素穢賤抑孰從而知其故況旣

有貲以入監何印信之不可得情分之不能投乎及遇開科而混冒入闈如今李昇得以朦朧中式雖發覺而錄一僥倖失一真才矣例法立弊生能必其中之無漏網也臣愚以爲今後除隨見任官讀書子弟許取鄉官保結告納外凡係民間俊秀子弟與假托來京探親名色者務遵

明例以本籍官司文結爲徵無是者不准若復貪緣請托者重治之如此或風教可維奸弊可革矣

上下其議所部壬辰禮部釐監生劉垣等之弊疏請
自今監生科舉務求文字疏通者方許入試不
得拘數取盈以滋冒濫時以其言爲切中時弊
癸巳會推原任祭酒黃鳳翔爲北監祭酒丙申
祭酒趙用賢以疾請告
上下其疏吏部
己丑
萬曆十七年春二月丙申用賢力疾陳言臣惟
人臣之事君也不以其身之將退而遂忘忠盡
之進人主之聽言也不以其臣之且去而遂忽
虛受之誠臣嘗讀史至宋臣范鎮每論事輒守

闕待命鬚髮爲之盡白呂誨引疾以歸猶借譬
以爲諫言極剴切未嘗不竊嘆二臣之忠今臣
髮且衰白矣加之疾病僥倖職業曠廢分當亟
爲引決而臣一念區區報國之心猶有不容默
默者臣頃見邸報中臺省諸臣交章極論大璫
張鯨奸惡萬狀給事中李沂言涉狂戇致干
聖怒旣付
詔獄復加杖
闕下中外諸臣皆疑
陛下於中官之譴治未盡其辜於言官之譴罰已過

其罪臣愚以爲方今要務所當急圖而不可一
日緩者惟有册立
皇太子一事頃者禮部閣臣及科道官以是爲請章
無慮數十上矣
陛下皆格而不行臣嘗歷考我
朝
列聖皆早建
太子獨我
皇祖世宗皇帝儲位久虚於時
先帝不無危疑故右都御史海瑞時方爲主事疏中

請之旨
陛下所知故瑞始終荷
陛下眷遇之厚今臣雖不才謬居師儒之位所職者
講明父子君臣之道竊以爲有父之親有君之
尊
陛下今日之於
皇長子蓋莫切焉而子與臣之節正
皇長子今日所當早教而服習之者語曰樂正司業
父師司成一人元良萬國以貞臣過不自量竊
引爲職所當言沂之忠雖不及瑞而臣之言則

有切于瑞者
陛下能察瑞之忠於巳事而不能用臣之言於今日
乎伏乞
陛下亟聽臣言蚤豫教以正儲位特選德望大臣人
侍講讀期以明年舉行大典仍將張鯨等遠加
斥逐以絕小人窺覬之端稍寬宥李沂以振朝
士忠直之氣則豈惟
宗社無疆之慶而
陛下嘉忠遠佞實亦天下萬世所瞻仰矣疏上不報
三月辛亥禮部奏下第舉人周大時等九百六

十二人并副榜舉人分送入監并選授教職

之丙午祭酒趙用賢稱久病不能供職懇乞放

歸疏

下吏部六月辛巳吏部覆南京御史王以通疏辟

遺賢之議初祭酒趙用賢等薦用舉人鄧元錫

劉元卿王之士才學可用

上下其疏吏部是時部議元卿志不願仕姑聽之其

鄧元錫或處之禁近或用之郡縣事關特典不

敢擅專而王之士既稱久嬰足疾宜遙授師儒

之職以優之奏

聞
上命元錫起送吏部察其年力試之議論具題銓補
有司稱鄧元錫患病日久不能赴部事遂寢至
是御史王以通復奏是三人者宜召入便殿親
試授以師儒之職而吏部則云元錫旣稱病久
謂宜待其痊可之日與劉元卿一併赴部酌量
欽用
制曰可壬午陞任祭酒姜寶引疾致仕許之庚子
廕操江都御史王　子肇績送監讀書乙巳補
廕南京兵部侍郎王世貞子士驌送監讀書秋

七月乙亥祭酒趙用賢陞禮部左侍郎丁亥
命司業張一桂爲祭酒越五日壬辰以編修劉應
秋爲司業辛丑廕巡撫都御史顧養謙子懋光
入監讀書
庚寅萬曆十八年春三月癸卯學錄敖淳奏乞移封
其父孟學秋七月庚子吏部議開納監生得以
貲授冠帶冬十月戊辰河南道御史黃卷糾監
丞常文燦失儀罰俸一箇月十二月壬辰祭酒
張一桂遷爲南京禮部侍郎
辛卯萬曆十九年春乙酉北祭酒劉元震建言彰教

維風興賢養士必由太學
國初綦重其事太學生徒數至數千而復多英茂
其教法最嚴且詳養之甚久而用之甚優故往
往偉人杰才迭出焉厥後積分法廢士習遂媮
延至於今窳惰彌甚例貢類不知學歲貢年多
衰遲舉人憚於坐監又撥歷撥差日期太速遠
者不過一二年近者止於三四月是以人無固
志教無從師身方入監即萌厭苦之心撥序一
登如脫樊籠之困諸生以坐班爲故事六館視
升散爲虛文是豈

祖宗重教育材初意哉夫
朝廷慎簡儒臣以督教事復設監丞以下諸清秩
分領其責而徒抗顔多士之上因循歲月成效
靡臻臣竊愧之故自受任以來察其如此每兢
兢率屬砥礪以爲法雖難於復古而意則可遵
士即未盡知學而教當不倦臣用是不厭反覆
期相勸勉邇年講誦之聲盈耳雅飭之度可觀
士習似有蒸起之意所慨堂堂辟雍生徒眇少
今春之初不滿二百人旣而歲貢入監稍充班
列迨今陸續撥去漸復空虚如不破格議處非

所以重賢關隆首善廣勵四方意也伏考先年除常貢外有選貢之舉弘治十六年議令提學諸臣精加考選務以行著鄉閭學通經術年富力强累試優等者充貢分送南北兩監其後隆慶元年亦議令督學諸臣合通學廩膳較之拔其尤以貢送監肄業當時二議俱經舉行雍學彬彬士風蔚奮以臣揆今宜理前議於常貢外間行選貢着令六年一舉則冑監不至於空虛髦士集矣又太學舊例歲貢入監八月即撥正歷復有諸差爲日益少此特常貢者祗循舊規

可耳今選貢本爲作養拔之旣優而撥之太遽殊非所宜宜定爲中制比舊附例坐班一年准撥正歷其餘差撥俱不許此等選貢率青年茂材志取科第不急急於銓選其於選法無碍即有未得科第者久而願仕亦多精壯之人有裨實用其視日暮途窮靡所表樹者懸相萬也至於銓曹選除陞轉宜從優敘不拘以常格如是則儲養於未用之先旣以成其德鼓舞於旣用之後又以達其材然後人知自愛而交相勵勉不但實賢關且以充

國用矣選貢之法行之漸久人才必盛此後兩京鄉試數科之中請間爲之增額以收選貢之雋庶幾人情稱便經久可行臣又以監規所載累朝更定已極周詳第勸懲未備士多委頓無以長善而救失自今宜立彰善紀過二簿諸生内有孝弟節義方正賢良德行卓舉衆所推服者登之彰善以勸好修有志行不檢僭黷宜昭怠惰放肆違犯學規者登之紀過以懲不悛如或改節而善弗克終因譽而過能速改俱各登名于簿俾其爲善則攄德於身心者固省過則起知

於性術者深要於進退抑揚之中寓奬勸誘掖之意毋撥歷時覘善過所登量爲升降甚至援其最善者超擢之擇其最過者久淹之總以勸善懲惡期於成就人才而止抑近日舉行條例既簡且嚴無庸別議第夤緣請托之風實亂成規大有關於士習設弗隄防後將莫制豈惟敗官師畫一之法抑且滋士子僥覬之心倖門一開厲階爲梗宜自後犯此者書其名紀過簿中使規避無所容則教道弘矣若乃振世道在敦士風敦士風在正經術蓋自古言之今之士風

敝矣罷黜百家尊尚儒術以明經取士

國制也近來學者不專本業而猥習雜學喜浮華者藉口於諸子字句之粗競進取者馳情于戰

國縱横之策務刻覈者留意于申韓刑名之論尚虛玄者醉心于佛老謬悠之書學術不醇識趣亦駁生心害事長此安窮凡人情矜異所創聞簡忽所恒見非時無貴相漸成習豈知日照月臨萬代常新蒔至物生終古不異經常之道豈弗美而必竄入于詭異之途臣竊以爲過矣欲塞其流計莫若修本以勝之請申明

功令自兩京師職及各省直督學鄉會典試諸臣
以後較文取士專重經學以明理雅正爲準其
一切猥雜不經詖淫遁詭之辭悉罷不録庻幾
挽囘敝風世道有賴也臣等引分思職旣不敢
虛擁教習以曠其官亦不敢妄意紛更以改厥
舊如前所陳誠度卽今可行有益事實者早夜
念此至殷不能隱默伏乞
勑下禮部覆議施行以今大猷之
朝彌天置羅比屋論秀振颷所激清濁響臻
陛下誠採臣末議沛然行之將海内咸昭然見

上意指其於
國家建學造士之至意盛世人文化成之休風未
必無小補也疏
聞
詔令禮部議之二月丙子禮部覆議選貢之舉查
隆慶二年曾一行之四方所取率多英才其後
列名賢書馳聲仕版彬彬稱盛以至於今然則
選貢之法雖於
國家所養未必常充而於選曹所須實爲有益但
今各處歲貢旣有常規吏部銓除亦有定額若

於六年之間增出一貢則選法壅滯反費疏通
亦有不可不爲之預計者臣等叅酌舊規慱稽
輿論宜于額貢之中間行選貢之法仍酌人數
多寡以爲期限大畧以四番常貢之中間以一
番選貢如府學一年一貢則五年一選州縣三
年二貢則七年一選縣學二年一貢則十年一
選都司衛所等學視原設優廩額數與府州縣
學相倣者一體分別年限順天應天府學一年
二貢則五年一選許取二名承天府學二年三
貢則遇五年一選許照单雙名數總而論選至

數名之外則在所選以前者雖各遲一貢而在所選以後者亦各早一貢淹速之度始終相準蓋使選貢之士得㧞于十年五年之間而挨貢之人止遲于一年二年之外旣可以精簡才俊不至有拂人情似乎其可行也如蒙

聖裁俯允容臣等通行天下撫按提學等官除卽今科舉在邇考選不及照常起貢外自萬曆二十年二十一年考貢年分府州縣衛等學卽各行選貢一輪其法將通學食廩生徒嚴加考選必其年資英茂學行俱優者方許超貢不得狥情

濫取反開倖門自此以後各照所定年限每於
貢期通行考選著爲定規其選貢諸生到部考
試盡數分兩京國子監肄業不許告就教職有
負作養在監日期一如元震之議自司府起文
以至該監撥送俱要明註選貢名色别于歲貢
以便銓除之日優爲敘用若遇
大慶覃恩額外選貢只照隆慶六年例挨貢不必
考選庶乎常品不致久淹英才亦得早用取士
育才眞可以兩全矣至于專重經學一節尤爲
切要經本部奏

請釐正不啻再三今監臣復議及此委于敎典有裨宜再行申飭令兩京國子監及各省提學典試等官自後科場歲考較文取士必體裁平正記問充實發理措詞本原經藝者方許優考取中以示法程如有恠誕不經將佛老踳駁子史粗疎之語引入經義以淆正學者雖詞藻可觀不得濫收甚者特從黜落以警敝風亦如震議斯經術既明士風丕變而于治化之源不爲無補矣至欲申飭監規特置彰善紀過二簿分别登記以行賞罰于勸懲之方亦得要領是在胄

監諸臣便宜舉行不必別爲擬議
上悉從之是月廕兩廣總督劉繼文子鳴陽爲監生
夏五月癸未北監缺祭酒吏部推南祭酒張一
桂己丑以鄧以讚爲祭酒冬十月癸丑南京吏
部缺侍郎推兩監祭酒張一桂鄧以讚
壬辰
萬曆二十年春三月乙丑吏部遵
旨酌議開納監生得入貲拜授冠帶丁卯奏舉人
管一德等送兩監讀書秋七月癸酉祭酒鄧以
讚陞南京禮部右侍郎壬午以南翰林院侍讀
余孟麟爲祭酒八月戊申以劉應秋改北司業

辛酉南司業缺推尚寶司司丞馮孟禎補之九

月乙亥廕兵部侍郎蔡汝賢子啓元入監讀書

冬十二月甲寅祭酒余孟麟議處勳衛習讀書

詔下禮部

南雍志卷之六

事紀

癸巳萬曆二十一年春正月戊辰吏部上言據先年南監祭酒趙用賢御史秦大夔甘士介疏薦劉元卿等大約謂士必有真修斯有實用而拔幽奬恬躁兢者愧此礪世維風之要以臣等所聞劉元卿鄧元錫學行純備人無間言跨俗守真不希榮進其逸軌自可作人是宜誕受明揚之典未可休逸山林令

聖世有遺賢之惜至若王敬臣王升馮行可砥節

好脩始終不渝雖無仕進之志亦宜有以旌異之今議視先年趙蒙吉事例劉元卿銓授國子監博士鄧元錫授翰林院待詔其王敬臣已經除授博士無容再議王升馮行可進原官一級俱進奉訓大夫令各有司特加優禮

上悉從之二月甲辰祭酒余孟麟自陳不職丙午請鑄換印信戊寅改監丞李衡河南布政司照磨夏四月甲辰巡按浙江御史李以唐薦舉原任南監祭酒戴洵不報前是巡按傅好禮傅孟春等皆有薦章己酉聽降余孟麟懇

恩休致癸丑以陸可教爲祭酒秋八月乙未司業
馮夢禎陞右春坊諭德視南翰林院篆戊申以
季道統爲司業冬十月辛巳丁有周以其父原
任吏部侍郎丁士美廕送監讀書十二月乙亥
改陸可教爲北監祭酒

甲午萬曆二十二年春正月辛卯南京禮部儀制司
郎中張鼎思建言
祖宗立監分峙兩都所以羅南北之英廣作人之地
二百餘年未有軒輊祭酒劉元震選貢之請豈
專北監令府州之選已略分送而各縣之選則

以院試距鄉試期迫南來不便盡歸北監體恤士子之情雖厚而以二監規摹觀之一則濟濟維新一則落落如故是北雍之人才當實而南雍可虛也雖曰科舉之後聽其告南然應試在北而肄業在南是庠序南雍也

明興設科以來兩京解額何歲不同今以縣貢之故獨增順天又令凡遇縣貢與科期值者如之從此應天之解額常不得與順天並而兩都賔興之典大有低昂矣且臣聞之地有南北人有文質其不可強而同久矣今四方英彥盡入北

塲主司閲卷惟文是視勢必多取南士少取北
士而四方援例歲貢之士見在北雍有志進取
者一聞選貢雲集必將紛紛告南繼自今入監
者亦必惟南是趨上實驅之不可禁止則是北
雍有增額之名而無其實南雍有增士之實而
無其名則惡可不斟酌而求至當也夫諸生往
來豈不當體臣考
大明會典翰林考試定于四月而到部日期俱限三
月十五以前此近例也多士觀光之念夢寐有
素如期詣

闕豈至後時三月下旬便可院試自非徂南道里兩月可矣去鄉試期未迫也其有遠方遲至者縱不行歷考之例姑令北監入場以待後考亦無不可豈可因一二愆期之士淹海内烝烝之彦耶故臣謂體恤縣貢未有若早其院試之日之便者也至解額之數照隆慶四年例量增二十名臣亦有遺議焉嘗考隆慶四年恩貢入監祭酒孫鋋奏請增解額部覆共增三十名而止當時固有惜其太狹者今之士非讓昔之士而所增又靳之既照其例復虧其額可乎雖然臣

所請益　又不自三十名止也臣願准科舉人數而已生員科舉大約三十人而拔一人難哉其遇合矣今選貢之士先後約一千五百人准以科舉之數則兩監各增三十名共六十名乃爲至當此非爲兩監增也爲各省之士增也或謂監生中額自有原數因人才希少而選貢補之故量增宜止此臣謂不然例歲兩途中豈乏人科名才望歷歷可數所謂希少者若曰以監視學則多寡少遜耳臣考萬曆十九年南監應試者共千六百餘人以千六百餘人而中三十

名則五十之一也今選貢又千五百人而增二十名是又七十五之一也豈理也哉我

朝解額正統以前兩都各一百名景泰年間又增三十五名是時十三省所增或三十或二十五或二十共增四百餘名科臣張寧建議行之無議其濫者豈不以棫樸之化方隆薪槱之用宜廣耶今日所選盡天下之英髦而顧靳其取之之額是雖進之實阻之非惟選士困而歲例益勞矣故臣謂兩監六十名必不可不增也不然使此千五百人而各省就試也其登選當不數

倍乎哉抑臣此說盖謂明歲言耳若所稱就試之例宜一者臣又有進焉該部之議曰諸生歷滿告歸者科舉年分令就本省應試其有應貢六年偶值科期在監未撥者即從兩京應試其撥歷未滿而願歸本省應試者給假試畢均依選貢補歷不願歸者聽此其處置甚周體恤甚至然均一選貢應試也有時而北監有時而南監有時而在京有時而在省有時而聽其或京或省何無畫一之規耶當兩監應試之時南都解額增乎不增乎當或就京或就省之時兩都

解額可預定乎不可預定乎參差如此其故何也則以十年一選之例未妥也夫十年一選則於科舉之期有遠有近其勢窒碍故不得不爲遷就之說臣以爲十年一選而準各縣第五貢之期不若九年一選而準兩都第三科之期其考選也於四五貢之士稍通之而其到部也皆在鄉試一年之前其試於翰林也皆在到部之歲之秋由是分送兩監與科期無不相值則人情妥便事體歸一而於充實

國學之初意亦不失矣科舉之後除極遠者聽其

歷滿告歸其餘近者每當科舉之年齊赴兩都應試每科解額遞減十名至第四科復當縣貢之期復還三十名之額而前之不中者各從其便周而復始庶幾永遠可行乎而府州之選亦或酌以三年六年之例似未爲不可臣非好爲嘵嘵者偶有所見不敢隱默倘謂芻蕘之說可

採乞

勅該部申議而決行之則蕩平正大之體以成而

國家收得士之効也

詔下其議禮部

三月戊戌原任南京祭酒改北監陛可教奏中途患病不能赴任不允五月甲辰司業季道統奏引原任本監祭酒陛可教偕臣疏上十事內有均制額以一事體之條當時別有成命未

蒙

俞允臣亦不敢再爲瀆

請以滋煩擾外竊照今年四方選貢雖盡留北監而去年南直各省府州縣之貢原撥南監及辭北改南者今亦不下二百餘人其新舊例生懷奇抱異而思奮者又烝烝橋門璧水之間覬昔

幾倍一時人才不可謂不盛矣乃北監量加二
十名之
特典今既不敢僭覬一名而向來三十五名之原
額誠有不可不申飭而復其舊者葢兩京冑監
解額並以三十五名爲則見行事例向無異同
偶因近科冑監乏才塲中僅録二十八卷原額
尚欠主試以各庠生儒優卷補之此屬一時權
變原非定規廹後科復一科相沿爲例而冑監
諸生遂無復七名之望矣向既乏才而量減今
獨不當以多士而量增乎且業不能徹

新命於額之外抑獨不得復舊數於額之內乎臣
恐
高皇首善之都未可示天下以偏輕之跡而
陛下作人之念未可示天下以南北之異也臣愚以
生儒侍中胄監七名仍當歸還胄監以復三十
五名舊額與北監等其於國典人情似屬兩安
伏乞
勑下該部著爲定例然後南北無輕重之嫌而人
才無不均之嘆
上詔禮部議覆秋七月乙未禮部覆奏司業季道統

乞復冑監解額謂南場生員額中一百人監生三十五人其說盖人人習聞之第遍稽典制及本部職掌未見開載者今季道統因選貢紛紛雲集欲復舊額無非與賢育才之意容臣等移文應天府轉行典試臣將生員監生文卷逐一較量如今科監生優卷分數果多即中三十五人亦不爲過總之鑑空衡平而不謬以成心參焉斯得之矣八月癸丑禮部上言御史陳惟之等議正文體惓惓世道人心之變欲於場屋落卷中檢其險怪尤甚者發國子監提學官革爲

民令行所在共爲遵守臣愚以其議是令科取
士專以純粹典雅理明詞順爲主如有掇拾佛
老不經之談及怪句險字混入篇内者定勿收
録俟硃墨卷解部本部及科臣詳閱有違式者
遵
旨除名
乙未
萬曆二十三年春三月辛卯
命原任侍郎熊汝達孫惟寅補廕入監戊戌
命原任尚書張瀚廕孫堯恩送監讀書夏四月乙
巳北祭酒蕭良有上言選貢之議始固欲樂育

英才少裨世用亦以太學虛空殊失
祖宗養士初心耳乃令府州五七縣十歲而一選毋
選而通兩京十三省故其群然而俱來也所患
在壅滯其群然撥而盡去也所患又在空虛建
議本原似不如是臣愚竊計之曷若總將兩京
十三省酌量地方大小人數多寡品搭均齊分
而為十預定某年某隷一某布政司或一或二
行考選法至第二年更易而遞選之率以為常
十載一週週而復始而其每歲歲貢勿以選貢
相妨則當其應選而人也不過數省之才何患

於歷之壅而歷可無增比其撥歷而出也復有
續至之人何患於監之虛此非徒一時通融之
計似爲長便伏乞
皇上勑下吏禮二部如以臣言不謬斟酌上請著爲
令庶制成經久無庸增歷之頻頻而用獲及時
益見文人之濟濟其於治化不無小補矣
詔部議之辛酉司業季道統辭疾不能視事戊辰
復以疾請
命在任調治五月甲戌
命原任洗馬敖文禎爲祭酒力以疾辭癸未

予祭酒敖文禎告在籍聽用辛丑以常州府教授
柴堯年爲助教道病不能抵任秋七月乙亥
詔議開納監生得入貲授冠帶有差戊戌司業季
道統以病乞休八月己酉以左庶子馮夢禎爲
祭酒辛酉改季道統北監司業戊辰南吏科給
事中祝世禄奏病篤儒臣季道統不奉
明旨擅離職任
上置不問九月戊子諸藩府缺長史等官以南監博
士趙世典等補之壬辰以編修黃汝良爲司業
辛酉巡按御史鹿久徵薦舉原任禮部尚書前

祭酒陸樹聲原任吏部右侍郎前祭酒趙用賢
從民望也
丙申萬曆二十四年秋八月己亥南監監丞李之皡
等奏捐俸助大工辛酉吏部參學正譚思孔到
任違限
上命法司治之甲辰廕南戶部侍郎陳渠子肯學送
監讀書冬十一月甲寅禮部尚書范謙上言申
飭勳胄
祖宗彝典令諸胄子各入太學從師授業其禮甚隆
寓意甚遠邇來法久人玩自甘豢養罔知向徃

以
國學常虛家聲日墜如近日有勳裔王繼科者寘
行冒禁冲突
梓宮奉
旨究治卽此以例其餘賢否相懸能循禮自好者
固有其人然而越禮犯分亦復不少皆由學不
學之故也本部節年題議兵部如遇缺推用勳
爵必查入監習禮有成者方許疏名奏
請近來各爵未經入監者亦遽推用以故率謂入
監與否無關輕重號槐市爲迂途尋桃蹊爲捷

徑是以
明旨久虛而
國典久曠也乞
命下本部行五軍都督府將見任未任公侯伯等
爵及應襲子弟年十四歲以上三十歲以下者
俱送監肄習約以三年爲限學有進益送歸兵
部以備擢用其未學者不得槩推仍行吏部於
請襲之日稽其曾經入監習學方准承襲其未入
監年三十以下照例依期赴監讀書觀禮本監
堂上官另立簡要成規用心教習務臻成效但

有托故偷安玩愒自恣有違教規者悉聽本監
官戒諭重則參治之自今日以往著爲令如此
則教典畫一勲胄興起於
累朝立法之意不致弁髦而所培益不淺矣十二
月丁丑祭酒馮夢禎陳言隆儒優士以崇教本
廣
聖化臣惟
國家並建兩雍以養賢才樹首善而南雍尤爲
高皇帝開天作人根本重地以故百爲未暇而經畫
獨周

列聖相承作興盍至自品流漸雜賢關遂卑學規漸
頹士習大壞任職者以非久遷擢或多苟且之
心肄業者以非久叙撥遂同傳舍之視人才不
振職此之由臣以非才叨備師席待罪以來一
年於今惟是夙夜兢兢期稱任使臣職業可行
者無庸輕瀆
聖聰外謹叅酌時宜條爲八事臣愚昧不敢自謂一
一中理惟
聖明採擇下所部酌議施行其於今日監體人才不
爲無裨一曰加制額以拔優異兩監鄉試中式

定額一百三十五名南監以人才不敷往往不及額自選貢之法行而兩監俱充矣先是萬曆二十二年天下選貢生咸留北監科場約一千二百餘

皇上採科部議加額二十名南監選貢以不及百名不在加額之例然北監以選貢中式者五分之四是二十人而中一人南監以選貢中式居三分之一是三十人而中一人南更有餘北更不足非選貢有優劣人數有多寡也以實較之北雖蒙加額之恩而選貢病矣其年科舉後北監

選貢紛紛改南者不下七百餘人今南監所收選貢以未撥歷及方來者通計之明歲由應天科舉大約千數之外是選貢者昔聚於北今聚於南矣

皇上加額之恩昔施於北者今獨不可施於南乎臣竊念選貢諸生拔之學校其選已精即三十人而中一人尤有遺佚之歎若不加額則選貢在南者將四五十人而中一人而援例非最才秀者不能與選貢爭進且八九十人而中一人是選貢與援例交病而選貢爲尤病矣拔之於天

下而困之於太學因循數年精華銷鑠永無科目之望是充實太學者乃所以廢錮之也無論選貢

皇上育才不遺管蒯今

大工甫興且開輸粟之例以誘致髦士而塞其向進之路有才質者或却步而不前而闒茸競進

大學益穢矣非長養人才之策也請比萬曆二十二年北監事例加額二十名則賢途不滯英俊畢登二曰清久曠以核實効

國初監規嚴肅生徒彬彬無敢曠廢今日監體凌

夷人情怠肆至有二三十年在曠而不復班者此其人非入鬼録則已衰老或毀廢入仕或緣事革斥而猶掛名冑監歲登報冊大非事體
請自今而後嚴立程限一應告出告曠不許過三年之外除丁憂者俱恭送問究其十年外不復班者徑自除名仍
勑所在有司每歲終造清查監生書冊二本開載舊管新收開除實在名目一送南京禮部一送本監以便稽查則實數可核一洗苟且之習矣

三曰嚴序撥以隆流品

祖宗時積分序選之典甚善而今不易復舉矣
請於撥歷稍示甄别新例監生往往多白丁銅臭
一槩序撥驟得入仕使居民上未有不倒行而
逆施者自今
請於新例已成才者以兩次季考優等或兩次科
舉終場為及格聽撥正歷不及格與季考不成
才俱撥雜歷品流一分人心思奮此亦鼓舞人
才之一端也四曰優禮遇以作士氣援例監生
大都有餘之家地方差役或所不免而州縣長
吏以白丁銅臭視之不復甄别五百追呼公庭

蒲伏無事而蒙囚服無辜而被箠楚貪墨者至以爲奇貨誅求鍛鍊無所不至破家亡身往往有之是一列冑監則上不得擬於生員下不得齊於民庶亦可悲矣臣竊以爲國家既已入其貲而進之生徒之列矣即白丁銅臭自貽伊戚或不足矜惜謂有志者何謂太學之體何自今請勑所在有司監生或有重罪身被告發干証已真仍移文本監知會然後拘問其稍輕聽家人對理則士氣得伸監體益重矣五曰催取舉人入

監以抑惰學舉人會試畢順天府給引分隸兩監肄業事例相沿已久但人情溺於便安上官每多假借三年内不及入監輒從地方有司起文會試及試期已逼但取鄉官保結容令入場間行稽查旋就廢閣而入監遂爲虛文矣其來者大都爲日暮途窮之計英才之至十無二三且坐班之期止於四月去來如驕公子此非所以淑世而作人也以故一列賢書即如不繫之舟不馭之馬甚者市恩官府叢議鄉曲或有朝離黌學暮埒素封者此其人未嘗一日出身莅

官而守已敗非盡收之太學未有別路可爲之
檢制者也
請舉人給引一年外不到監者非有事故不准收
班非在班三月不准給文會試明
勑所部於會試年分查無兩監公文不得朦朧聽
其入試則法立教尊舉人日循習於矩度之中
矣六曰酌久任以圖實效
祖宗時擢用監職久任責成且有政事即監丞以下
亦有九年考滿加銜管事者是以上無苟且之
心下有教化之實師道立而善人多今久者一

二年速者半歲少有至考滿者雖有行取公與以優博助等官部文到日每以資俸不及格而止又何怪其虛文塞責視官如傳舍哉且在外教職撫按廉其賢且能者而列之薦牘上者曰可充六館之選其次曰可充有司今兩雍助博等官業已居六館矣而復轉有司是倒置而矛盾者也自今請

勑吏部查臣等歲報季終所定賢否揭內簡留稍異者以俟行取及擢京職而不輕爲外補則風勵有術而師屬爭奮教之典可計日待矣七曰

補師屬以專教習南監助教正録等十員分隸六堂率修兩堂各一謂之單堂餘堂各二初任者俱從廣業始遞升至率性堂夫積分之法廢生徒既不叙升而堂獨升久者半年速者數月使弟子與師交臂相失欲望功令舉而士習循此必不得之數也

請十員之外酌補二員則無虛堂帶攝專有責成之籍矣八曰隆禮見以全監體今日兩監屬臣惟監丞得列上見而博士以下九沿中見之舊等於雜職屢經題

請未蒙改正臣竊以爲博助等官分任師屬之職俱屬清流本應優假且行取年分博士助教資俸相應者與太常博士中行等官一體擢補科道要職則待之亦不薄矣今日太常博士中行等官上見乎中見乎或以爲品卑則司務及部院照磨檢校等官與博助正録秩相等也而亦上見今以兩監屬比於部院之首領不亦可乎或以爲部院體尊而國子監翰林院則少卿也屬官體應小降臣又以爲不然翰林職列侍從兩監職司教化故

祖宗以來體貌甚隆編檢七品官且班於京堂六品之右講讀與北監司業俱占光祿寺少卿上如臣夢禎叨任今職則班於左右通政太理少卿之上

累朝通例無敢爭者正官品同則不讓通大屬官品同乃獨讓部院通大之首領而沿於中見度

長綮大實所難通請

勑下部院酌議改博助等官與監丞一體俱爲上

見以優師儒扶監體巳上八事俱有關官常士

職鑿鑿可行

上覽疏下部議之

丁酉萬曆二十五年夏四月壬午禮部議增南場席舍爲時多選貢入監者

詔增監生中額故不許各省比例濫觴

上允其議祭酒馮夢禎請增制額

詔北監增額十五名南監十名辛未詹太常寺卿范崙子如欽爲國子生癸酉博士劉大倫見

朝丙子祭酒馮夢禎奏

請科場特嚴限字之禁每篇限字四百下禮部覆議秋七月癸巳禮部上言今科場逼近正嚴奇

詭之禁若再以四百字束之則一心兢兢恐入奇詭又一心拘拘恐踰字數臨場意氣沮濉文思不舒盖驟而繩之似傷急迫則又臣等更張無漸之所致也且一時雲貴川廣遠方通行不及遠近異制同文謂何既巳部題冗長有禁限字少俟場後再爲酌議與奇詭一體嚴禁會提學官着實舉行務期諸生一意服習與歸簡雅追美成弘至於該科所謂士習大壞欲爲捄正大本有在未敢就事塞責漫陳而無補

上可其奏丙午

許博士劉大倫移贈於父九月丁酉祭酒馮夢
禎辭疾不允十一月初八日候補太僕寺少卿
傅好禮上言場事竊惟畿省之收録人才也名
數有多寡之殊足額無增减之例若順天鄉試
生員額取一百名重首善也監生額取三十名
優歲貢也餘五名以待教官儒士雜流之有志
者二百年來枺之有改頃因選貢入監兩京各
增額一十五名盖爲選貢設也豈意今科考試
官仝天叙焦竑之取士有大謬不然臣甞於題
名録一檢閲之生員中式僅九十二名選貢中

式僅止八名監生中式共五十名夫五十名之中未必無選貢歲貢之人要之粟監則十之四五矣夫納粟入監即係雜流取止五名足矣柰何占歲貢之額未已也又占歲貢之增額占選貢之額未已也又占生員之定額其故何哉說者謂粟監皆省直富厚之家力能鑽刺賄可通神臣初風聞未敢深信即今無論占歲貢之額占選貢之額又明明占奪生員八名之額矣直因而撮爲五說以進謂粟監不宜應試也謂試官不宜循資魚貫典試也謂覆試不宜有也謂

選貢宜停而監額不宜再增也謂監生宜分南
北也請得熟數於
皇上之前粟監不宜應試者何夫今之納粟即古之
入粟拜爵也監生之納粟即吏承知印之等流
也附論既爲吏承知印之流豈可令入太學哉既入太學即不得待以吏承知印之流吏
承知印等計期選用因資授官而粟監亦當照
例選授如云彼有蘊藉不宜遽棄彼省不開鄉
試耶生員不可中式耶一科不中寧無下科之
可待耶何必汲汲捐金入監以求一幸不過謂
可以鑽求可以賄進耳已爲可羞舍

國家取士之正路而進以吏承等流之他途縱登
制科躋膴仕聞之尚有銅臭不亦可羞之甚耶
此臣謂絶粟監之應試而賄賂之門自塞也試
官不宜循資者何盖試官取士之摹也以身取
士斯得眞才宜擇平昔學行俱優者充之自循
資典試之例一行而巧於窺探者得預知今科
某官典試而先時行賄百計鑽求雖堂堂翰苑
寧皆可以利動者無柰此粟監通神之力也以
後推典試者如不循序不論官惟擇其可者充
之則濟濟師師莫可揣摩彼雖巧於行求亦難

泛於用力而弊端自絕此謂典試者之不宜循資也不宜覆試者何蓋言官屢有建白禮部屢有題覆

皇上屢下明旨謂宜正文體以正學術正學術以正人心正人心以正世道三令五申不啻詳矣今中式之卷有詭於詞理怪誕不經者

廷議公評可黜即黜可留姑留士子聞風始有警戒最不宜假覆試之說以行掠市之私有如今於下第之士取其優者而覆之則其文未必無可中者而肯容之乎然則所謂覆試不過委折

婉轉爲粟監幸中者開一方便之門耳此之謂不宜也選貢之宜停者何原初設選貢之意不過謂胄監缺人耳以職言之每科下第舉人何啻千百若盡驅而養之太學羣英彙聚不尤愈於選貢耶然此選貢者固異日鄉舉之儔也今日選而貢之太學明日復選而舉之鄉試何其紛紛不憚煩也何如止遵

祖制歲貢食廪之最多者一人之爲得也且今選貢即歲貢之期以拔一人名選貢實歲貢也入監之士未見加多固自有原額三十五名以待之

又何必更增其額而爲粟監開一弊孔耶此職謂令而後不宜選貢不宜增額者此也入監宜分南北者何盖推進士之科分南北中之意也兩京並設國子監以養士鄉試俱設三十五名以待舉産於南者宜入南監而應試於南産於北者宜入北監而應試於北不但選舉均而道里亦均也聞今科監生入選者順天二千餘名應天不及其半而中式之額同何南之幸而北之不幸也查今科監生之登順天鄉試者南直隸浙江兩處幾四十名而北直隸山東河南等

一十三處不及其四分之一何南浙二處儲才
如是之煩而一十三處生才如是之寡耶以此
較之而偏重之勢亦甚相懸矣職謂南直隸浙
江湖廣江西福建兩廣入南監北直隸山東河
南等八處宜入北監而應試亦因之不然制科
已分南北中矣何獨於鄉科而疑之此南北之
宜分也越三日左中允全天叙辯言臣等誤蒙
恩命典試順天近被言官參論加以候補太僕寺
少卿傅好禮疏陳五事言臣等妄意增減解額
變亂成規臣罪滋大不得不再剖其說與

聖明昭察焉切照京闈試卷字號有三凡只用三不
成字號者則順天等各府州縣生儒也凡加用
皿字號者則各衙門坐監歷事聽選監生也不
分歲貢選貢官生恩例粟皆稱監生則皆用皿
字凡加用雜字號者則雜色員役人等也今年
順天鄉試奉
欽依取中一百五十名盖以百名待畿内生員而
以五十待雜皿二號此
祖宗舊制
皇上洪恩誰敢以巳意多寡干憲綱乎哉臣等承乏

試事所取中卷一如解額百卷五十卷之數及填榜時中間忽有開係某縣選貢生者臣等閣筆躊躇誠恐選貢巳經到監或者外簾失編皿號未敢填寫此時監試御史馮應鳳言知此甚確緣畿内選貢多係提學御史周孔教考送科舉未經到監仍是生員此多官共聞見存可問也臣等又憶歲貢原係生員文移章奏歷歷可考故直將前選貢八名同生員一體收録什然無疑好禮蓋未見試卷只按題名臆斷選貢必監生故發此論誠無足怪獨不思試卷糊名易

書場中查核惟憑字號且令硃墨卷見在伏乞
皇上併勅該部取中式原卷同傳好禮當堂閱視俾
見皿字號卷原止五十則監生原無多中可勿
議斥矣選貢八卷如無皿字則生員之數已滿
可勿議補矣若曰增減得任考官則必科場可
廢編號甚且議及補中將無欲併廢科場哉况
選貢以監生入試則合以監生中式以生員入
試則合以生員中式名實久稱安敢紛更論而
至是本官大惑可解臣等萬罪可寬矣疏上與
好禮原疏俱下部院

南雍志卷之七

事紀

（癸卯）萬曆三十一年夏四月甲午司業傅新德陞右春坊右中允八月辛卯令監生得入貲授文華殿中書冬十一月庚申南翰林掌院攝監事王圖奏浙江東陽縣已故儒士盧洪諭妻趙氏苦節可嘉其子監生盧懋悌之婦割股敎孝姑媳齊芳宜加旌表以勵風化

（甲辰）萬曆三十二年春三月朔吏部奏補福王講官於兩京助教等官及進士選任從之著

爲令秋七月巳巳禮部署部事左侍郎李廷機
爲理學名臣故南京國子監祭酒蔡清請贈
上詔議之九月丙辰贈故祭酒蔡清爲禮部左侍郎
冬十月辛亥以掌南翰林院諭德劉曰寧爲祭
酒十一月辛亥以檢討朱國禎爲司業
乙巳萬曆三十三年春三月癸酉
詔令監生得以貲授光祿寺署丞等官三月丁亥
吏部疏叅博士林世都違限乙丑祭酒劉曰寧
上疏辭任
上不允六月庚戌吏部建議立賢無方聖王之懿典

而三途并用我
祖宗朝所以旁羅英俊者用至宏也今准歲貢監生楊守約等欲比照歲選二貢並得優選臣等慎重名器未遽題覆迨今叅詳准貢一行原係食糧二十年以上廩生貢期在五年之内而今日准貢之人又皆五年後需次正貢委與民間俊秀輸粟入官者不同况輸粟入官例得陞府通判其何疑於准貢藉使准貢考優縱不得與縣正即以府判授之似亦非濫每於甄别之中寓憐才之意則法守一而羣心服矣秋七月丁酉

學正張所志致仕冬十月甲辰南京廵視北城
御史奏監生姚虞艮失火燒號房三連
命該監壓罰乙卯以博士董應舉補南京户部陜
西司主事應舉在國學三年每事有所執諍爲
同寅釐正宿規持議侃侃銓部無以難之丙辰
命湖廣廵撫支可大孫茂春送監讀書
（丙午）萬曆三十四年春正月癸酉
命原任河南道總督曾如春子泰元送監讀書二
月甲辰
詔贈禮部尚書前祭酒陸樹聲太子太保三月甲

戍陝西巡撫顧其志奏循舊例開納令監生得
以貲遥授兵馬職銜
詔下吏部議之秋九月壬辰南京監試御史孫居
相等奏應天府試塲監生查允先查允亮童鍾
瓚懷挾當依律問革因言應天府每科中式監
生二十八名雖多不過三十名以
令甲每三十名中一名計之止應取入塲監生九
百名乃邇年來各衙門考送入塲者至一千九
百餘名歲復一歲沿以爲常往往名數不足甚
至取曳白塗烏之士以充數於是此輩既倖入

場便謀入彀或爲挾帶或爲傳遞或倩人代筆或割入卷面錢能使鬼贋可亂眞相效相尤所從來也倘訪察少疎幾何而不妨賢路辱鄉書也哉伏乞

聖諭南京部院等衙門今後科舉年分必考選監生精通三場者方許入場不得濫取充數致生弊端或亦清本澄源之道乎

上悉從之

〔丁未〕萬曆三十五年二月以司業朱國禎爲右諭德

丁未北國子監署監事司業沈潅上言三款一

曰敍撥之規除科貢官恩自有本等出身外應將例貢一途稍復先年教養之意即不能於見行條例上增其坐班月日以重拂人情亦須稍示甄別畧倣先年試分之法當敍筭時兩廂面課其經書策一二道必文理粗通者酌量敍撥如文理未通雖日月既滿亦不准撥庶乎心兢於名少知向學而異日有可用之才抑且面試其實不能倩人而目前省奔競之擾矣一曰假曠之規查得監生告假回藉并近地告曠者俱候領假票曠票如不候領假曠等票私回者謂

之逃監
國初逃監之法甚重不必言矣卽近年題准事例監生點名不到私回原籍日久者呈部行提行提之後一月内告到者仍送本監依例痛治計日歷撥若在一月外告到者不拘月日近遠曾否回還原籍通行送問又嘉靖八年奏准不分在監在歷私逃回籍半年之上一體革退爲民又嘉靖十五年奏准逃回兩月之上發原學肄業半年者照八年例行屢
旨森嚴若此蓋非徒羈縻其去就不使濡足於旁

行亦所以蓄聚其精神俾之及時而居業也乞
嚴旨申飭前項條例俾臣得奉以從事庶乎士知
䂓矩而游大人者不得假才名以凌篾師長行
有準繩而藉貴介者不得倚父兄而決裂宮墻
矣一曰參處之䂓查得監規一欵生員不遵學
規者置集愆冊初犯紀綠再犯三犯至於四犯
則發遣安置又凡有犯皆痛決又累犯不悛者
奏
聞區處宣德以來多令本監自究治之於是有罰
贖壓撥檄鎖等例其重者至於黜革雖不經題

知亦未有從別衙門申理者合無今後凡監生
經本監官參處奏
旨者別衙門縱爲緣恩例亦必具本題請再得
旨然後咨禮部付監然後收復庶乎體統歸一官
有恪守之度而
朝廷愈尊舉動光明人無僥倖之心而士習益正矣
勅下禮部議之禮部議曰太學養士於今日將以
用之於異日伏覩
聖祖勅諭有云宋訥做祭酒時學規好生嚴肅所以
教出來的箇箇中用

朝廷好生得人洋洋
聖謨刻在監規之首又設木牌書整齊嚴肅四字每日陞堂有抱牌監生稟說六堂諸生各在班講習整齊嚴肅則教法之嚴可知矣近來士子傲惰成風不守
聖祖整齊嚴肅之規而輒藉口敷教在寬之說積寬成慢日甚一日不惟教化蕩然且將舉一二文具之僅存者而盡廢之矣此司業沈淮所以有慨於中慕宋訥之風冀收得人之效而有是條陳也恭候

命下臣部行國子監遵奉施行得

旨國子監學規

祖宗廟戒諭甚嚴所以教化大行人才稱盛近來傲

惰成風恬不畏法併一二文具亦盡廢弛士習

如此安望用之異日這所議有關風教依議着

實申飭毋事虛文三月丙子以檢討朱延禧爲

司業四月丁未延禧奏辭五月戊寅博士張國

維奏爲其母張氏表揚貞節疏

聞下所部議旌之國維原姓繆幼孤從母姓其母

張以二十一齡守節者也六月乙巳原任南京

司業朱國禎奏途中疾作
命寬假調攝病可供職八月丙寅助教羅良策起
服到任陞原任南監司業朱國禎爲國子監祭
酒未任在里請告
（戊申）萬曆三十六年春二月甲戌陞祭酒劉日寧爲
詹事府少詹日講官日寧未第時豪俠疏曠後
嚴事鄧以讃既成進士隨讃於山中者數年英
發之氣濟以陶鎔居官精明敢大相御而行儼
然無愧於人師焉已亥監生吳中俊王家禎言
鄉學生員戶婚小事准令家屬代理而監生不

然拘提則頓空囊橐發覊禁則俛首囹圄甚且
登對稍侮則褫衣行撻賄賂不遂則造端開訪
又甚則不行申請竟追文引而塗抹之於太學
之體甚褻司業朱延禧因同禮部會議太學賢
關
祖制甚重既以收爲俊秀亦宜稍示優崇而近來體
統凌夷郎起從學校者且以失援而取輕而出
自民生者遂以多財而啓釁於是奸人借粟監
爲訟端而有司亦執成心於銅臭輕則笞罵重
加縲紲遂令衣冠掃地愚闇蒙辜茲諸生之所

以憤激而鳴者也竊謂身犯重科自詒伊戚者
固無足恤若因牽連小嫌頓至罪褫而加箠楚
使隷名太學者曾不得比庠士之一盻則
祖制之謂何除候類題請
旨外理合先行該司府州縣申飭今後凡在監走
班監生有事或牽連必應對理者須申請本監
批發其在歷者另申禮部在藉監生如有重情
實罪應革衣巾者必須申監除名方許刑禁其
戶婚等項小事許令家人代理不得無故加撻
擅行羈縲大約與生員一體相待庶稱

國家收養俊秀之意六月庚申以侍讀林堯俞爲
祭酒冬十月癸亥林堯俞告病求歸以御史梁
邦彥疏參故也丁卯復以病乞歸戊寅又復辭
病疏入皆不允冬十二月丙辰原任國子監司
業朱國禎奏辨彭端吾參奏
詔翰林筆札之官無他事近來指摘太多殊非
朝廷愛惜人才之意其朱國禎資序二十年方陞五
品何得苛求着前來供職

【己酉】萬曆三十七年春二月庚辰祭酒林堯俞上言
病臣待命日久三懇

天恩早放以便生還蓋以臣之事體有不容不亟去者非獨以病而已也太學教化之本祭酒師表之官所執鬯而祀者先師孔子所端坐而臨者六館諸生也臣初蒞任恪守前規教頗嚴肅所與諸生勉勵者動引聖門禮義廉耻之訓蓋期

上不負

皇上之任使而下以行臣所學今既横被人言則臣之學不足以稱人師明矣如復覥顔居位濫受俸薪寡廉鮮耻莫此爲甚豈不仰愧

先師俯慚諸士此臣所以跼蹐不寧必決於一去

而後已也雖犬馬戀主難忘
天高地厚之恩私而引分自裁度幾進禮退義之萬
一則臣之僑居待
命亦臣所處之地不得不然耳伏望
聖慈憐憫早允臣歸俾臣得免爲客死之鬼即荷
皇上終始生全臣亦當世世啣恩矣三月庚子林堯
俞又以病告
命回籍調理俟病痊起用庚戌以應天巡撫周孔
教言
命原任兵部尚書王杲曾孫起宗補廕送監讀書

夏五月壬辰
詔贈原任禮部尚書李長春太子少保以其子承廕入監讀書甲戌吏部議以史繼偕爲祭酒癸卯蔡崇高以其祖蔡汝賢廕送監讀書八月戊午南京河南道御史張邦俊上疏請以呂柟從祀孔子廟廷及請補雍泰等十四人謚諸賢皆關中人邦俊蓋舉其鄉所知也柟陝之高陵人官祭酒仕至南京禮部侍郎學問精粹踐履篤實士論咸推服之冬十一月壬午
命原任禮部侍郎敖文禎子祐送監讀書丁未以

傳新德陞太常寺卿視國子監祭酒篆
庚戌萬曆三十八年春正月辛卯陞司業朱延禧爲
右春坊右中允戊戌南京太常寺少卿劉曰梧
視監事庚寅原任南祭酒陞南吏部侍郎史繼
階引疾辭免不允丙申督學御史史學遷上言
國雍鄉學由來並重而鄉學歲考賢有賞不肖
有罰則士之不肖而扞文網者終不能逃於吏
議惟貲郎以財發身一丁不識橫肆恣睢姦淫
不法往往而是所以然者成均旣遠無人鈐束
故耳夫學臣科舉考較監生之有志者皆同生

員赴試應舉奈何平日漫不相關也况舉人無
所檢束臺臣孔貞一尚條入舉劾之中何獨於
監生而遺畧之令後宜於學臣出巡之日令監
生同生員一體考試不能文者或試以書判或
試以字畫俱從寬政至平日賢否則提調填入
三等簿中一體賞罰甚不法者革黜亦風化之
大助也不報壬申
命工部尚書何起鳴孫思恭補廕送監讀書六月
乙酉以顧起元爲司業秋八月癸酉以湯賓尹
爲祭酒未任

辛亥萬曆三十九年夏五月庚子以孫如游爲右春
坊右諭德掌南京翰林院事尋來視監篆八月
丙戌以蔣孟育爲祭酒九月甲辰博士李延棟
乞
恩移贈其父冬十月辛未禮部奏請原任祭酒傅
新德
卹典
命與祭一壇塋減其半
壬子萬曆四十年辛未陞左春坊左諭德兼侍講蔣
孟育爲祭酒丙辰以温體仁爲司業戊寅應天

府尹汪道亨請增解額引

祖制暨

累朝額數爲徵奏稱臣濫竽關西適與藩會拮据荒政心血盡枯思圖乞身忽遷今職竊念力小任重日夕以惕且歲值賓興臣與有提調之責即鞠躬盡瘁義無所辭今一切棘闈內外事無巨細臣已悉心經理不謂南中解額有限生員監生紛紛爭執近聞江北諸生執有分卷之議江南應天府儒學生員投臣一詞以爲不可又謂南北直隸並建而巡方之使省各一人北直

隸二人南直隸三人是有見於南國幅幀之廣
也夫幅幀廣則生材必多而今取士之數不加
於北皆以百名爲額非所以爲平也又據南京
國子監大堂各歷監生林泰閶周士鼎等揭欲
比北監三十五人之例已將先後所請送部閱
議而臣尚有一得之愚謂
祖制之可攷者二科額之當增者二至時勢之不得
不變通者其說有三敬爲我
皇上陳之臣讀
大明會典洪武三年定直隸府州縣貢額百人而

北平止四十人是時北平尚未建都故其數獨
約此
國初取士之額
祖制之可攷者一也其後洪熙元年定取士額南監
迄郡縣學取數八十人北京殺是而爲五十宣
德七年令順天試額一如南京之舊正統五年
復定取士額順天仍舊應天府增至百名各省
加額有差此
祖制之可攷者二也及正統六年順天增額二十名
應天府至今舊額未改夫語甸服則南北非有

重輕而較封疆則彼此寧無廣狹南國素稱才
藪所宜法
祖宗之意加額取士及按應天科額則又不得不增
者臣奉
皇上任使奔走於豫章兩浙八閩東粵西秦之地姑
就輪蹄所歷言之未有如南直隸輿地之廣者
蓋北跨黃河中歷淮泗而南踰大江東則由金
山海門直達登萊一面阻海三面繡錯五藩延
袤不知幾千里中間蔚爲人文翹秀多士此科
額之當增者一也又如南宮中式之士隸于南

者臣不敢遐稽遠引即以近二十年計之壬辰五十二人乙未六十二人戊戌六十人庚戌四十八人裒多益寡而酌其數毎科不下五十五人人文之盛茲可概見此科額之當增者二也至於時勢尤合變通臣按景泰元年合國學南畿之士取中二百人四年中二百五人其時就試者合一千九百有奇而太學人少中式者不過八人九人而已今則監生入試者已如景泰通場之數而生員至逾五千矣此時勢之不得不變通者一也載攷隆慶四年爲所在選貢俱

充國學兩京鄉試各中一百五十人嗣是萬曆二十五年兩京各中一百四十五人雖多寡不齊要皆酌成均貢士之數而量增之夫天之生才止有此數不在辟雍卽在泮水停選之後人非獨乏也豈一入成均卽應加額而淹之庠序遂不必收乎此時勢之不得不變通者二也南北兩京均設國學此倣周辟雍之制爲天子視學之地蓋綦重矣以故儲材于成均者皆與畿內之士就試棘闈而景泰七年復定選舉之額南北直隸各一百五十名其時生員監生未有

分額也而兩京太學天順三年中六人六年中七人成化元年中十人至嘉靖四十年許國一榜遂中至二十六人自後萬曆三十四年三十七年皆中如許國榜之數襲以爲常而生員中數遂減于舊今者監生引北監例謂宜中三十五人而生員則執天順成化之例謂止宜中七人十人紛紛辯論爭執不已者總爲解額數隘懷材抱技者艱于自見耳以臣之愚宜總增額數二十名分三十五名爲監生其餘屬之郡邑之士蓋京都首善當非藩服之比乃令各省解

額視洪武初年不啻倍之而應天獨否豈各省
人才均倍
國初而南中士子終可以定額限之乎臣故以爲
增解額便甲申申原任禮部右侍郎前祭酒郭正
域卒有司上其事疏下所部秋七月巳亥祭酒
蔣孟育疏乞
欽定南監解額如北例巳酉復具疏以請大畧謂
東南號文學淵藪南雍俊造應試者至千八百
餘人度其譽髦非遜于北而今北雍中式定數
三十五人南監則自丁酉庚子或二十八人或

三十人何差數之甚且南北之有國學也均爲
神聖肇造未易軒輊何得使解士之額盈縮不均以
臣愚慮宜
下畫一之令報聞令禮部覆議八月丁丑初言官
及京兆尹各按臣以近日人才大盛奏請增南
京解額以厚豐芑下禮部議量加南京七名其
各省加額有差南中士以爲不足群走白憲臣
御史熊廷弼奏曰近聞
允題加額所議南國僅加七人竊計海内幅幀之
廣青衿之衆南宫中式之多固無有逾南直者

國初南直科額踰各大省至六十名洪熙中踰北直尚三十名正統中尚二十名等南北而一之獨今日耳即如太學人士不及各庠十之一而加額名數浮于各庠往日至司憐才常令在庠使監生之額自處分巳定難以復使高材常屈方今六府一省者入彀嘗多至八十名分論江南應安六府一州巳足當之是宜獨中八十名矣況益之以廬鳳淮揚合之以蘇松常鎮而所加止此何堇堇也如謂兩都不宜異等則人文之產固自殊科如謂政體原欲持平則江左之

征何爲獨重司計者旣爲則壤成賦必欲輕北
而重南則用人者亦當因地掄材似難抑南而
從北今議加直七人而諸大省亦加五人南直
視大省僅羸其二非
國初獨多六十之制矣臣按今日時事宜視正統
六年天順加額事例加二十名一如諸臣之請
其監生乞依北監以三十五名爲定額亦宜從
之以塞爭端閏十一月甲戌祭酒蔣孟育引疾
乞
恩俯容回籍調治不允

南雍志卷之八

事紀

癸丑萬曆四十一年春二月戊戌祭酒蔣孟育以病
乞休癸卯再上疏力請
上不允乙未禮科給事余懋孳謂南雍故爲材藪近
朱之蕃顧起元及周炳謨輩類由貢發跡請舉
選貢以弘作養十一月己卯遙授監生張惟謹
太常寺典簿十二月甲申詹禮部左侍郎楊道
賓孫之吉送監讀書
甲寅萬曆四十二年春二月乙巳吏部候選南北兩

監准貢生江永必疏曰臣等食廩年深貢期將
近幸遇
皇上特諭開例凡廩生食廩二十年科舉三次貢期
在五年之內照例乞納與歲貢一體送監選授
府佐縣正官以示風勸臣等遵例佐
國用亦謂乘此精力未衰乞年超貢觀光國學可
圖上進以報
聖明今掛選十有餘年間關萬里株守
闕下雖困苦瀕危而不敢去乃不念諸生棄廩補
貢之苦又不念我

皇上俯諭與歲貢一體選用之意另於卷面上加一
准字後之選官遂將准與歲别選與
旨聯何以服衆況臣等同例二百餘人已照例優
選過三之二何候選者獨處以劣職致令壯志
氣挫於下乘士節屈於胥靡向使當年不加輸
納它及今歲月出貢有餘未有不悔恨而死也
者伏乞
聖恩勑照舊例一視同仁俱與歲貢一體選授庶
明旨始末不渝而選法前後畫一矣春三月庚午
福建巡撫丁繼嗣薦舉原任南監祭酒林堯俞

夏四月庚子祭酒蔣孟育疏乞養病兼補屬官

先是曾以病

聞願賜還里

上不可故復有是請八月丙午以蔣孟育爲南京吏

部右侍郎冬十月巳丑兵科給事中吳亮嗣上

疏曰自古論吏治必先教化以教化吏治之所

由出也我

太祖高皇帝當金戈鐵馬之際每加意於學校至於

師儒尤極妙選葢有教化以束一時之士心意

至深也顧政弛而教衰至今日而

國學之陵夷極矣昔時擇四方之俊彦以觀辟雍之禮以通先王之志而今也强半率以貲入提銅臭之子而號曰諸生巳爲可異又并此輩而落落晨星焉禮樂之官不如僧寶之舍成均之重不如學究之嚴職甚傷之職見前者月蝕之際在廷諸臣肅將趨事而諸生笑傲酣譁無敬事體訓之不止禁之不能察其意向似謂

朝廷無如我何夫士也而不可以理諭至此則犯

上作亂何不可爲職退而思惟教化之道盡矣爲今之計豈可任其波頹風靡而不爲之所乎

願
陛下明
勅禮部速行天下提學道將少年有志之士每郡
縣選一二人送入太學肄業又
勅下吏部於進士中擇其資在京秩者補博士助
教等官四五年後察其教育果有方規一體行
取優擢至於祭酒司業兩官無專循資俸擇其
品業端嚴不盡合時調者而任之何患其無化
導之益哉壬辰署監事王毓宗亦言亮嗣所奏
議論公確有裨學政但入粟之途一開以致貨

利之競趨童昏之並進而選貢之法暫行暫止

先臣馬文昇欲革濫進謂其紊壞選法壅滯人

材躅富民之徭以困貧民所損

國體甚大是也

聖上倘允科臣之言如昔年里選之法而成菁莪棫

樸之化則多士雲集充滿賢關矣又查弘治二

年

命南京國子監官俱得考選嘉靖年間童承敘程

文德等俱題奉

旨一體行取而博士周京助教呂黨等學正陰汝

登等學錄鄧文憲等皆得與考選列於風紀之
司
皇上倘允科臣之言亟爲奬振之文教作新豈曰無
人則不致師儒陸沉苜蓿抱嘆積薪矣皆不報
十二月庚子吏部會推顧起元周道登爲南監
祭酒丙午故雲南祿豐縣令蘇夢暘等抗賊殺
身忠義可憫
詔贈夢暘光祿寺少卿廕子立祠其二韋宗華贈
本州同知子亦承廕俱送入監學官龍旌贈國
子監博士南北未詳忠義不可不書故記之

乙卯

萬曆四十三年春正月乙卯吏科都給事中李
瑾上言開納之謬不可不正夫籌
國計而至鬻爵策最下也乃若鬻爵而先爲彝文
者所鬻利於國者微而利於羣小者大卽如選
官階旣同則入貲宜無不同胡監生每年五十
緡貢士亦四十緡吏則十緡何也豈空年專爲
吏資耶種種弊竇類此宜悉釐正之二月癸未
顧起元以疾辭任
上不允戊子部議援例監生遞授兵馬職銜三月戊
申

命江西巡撫王佐子道元送監讀書甲戌戸科給
事中官應震爲故禮部右侍郎郭正域請謚引
巡撫張問達疏薦有誦大學而翼少海勛猷著
於多年掌邦禮而植
朝綱節槩凛乎千古一疏歸里乃直道之難容十
載藏修見清操之愈勵等語夏四月庚寅温體
仁請亟補國學正官謂祭酒爲師儒之首非若
刑名錢穀之任可以他人代也如欲以五日京
兆之身整齊積玩之士習祇見其迂而無當譬
之士庶人之家之教子弟也必延名師而正其

席崇其禮指而示之曰是而師也是而終身所
依歸者也子弟不待教而其心先已肅然矣苟
其師或去而以他人攝之雖日設規條課誦讀
彼不面諍則腹誹耳何者其人非其眞也往時
祭酒司業無一時盡缺者並缺亦自今日始以
成德達才之地爲可有可無之官甚非盛世景
象也詩之頌文王曰周王壽考遐不作人我
皇上四十三年久道化成皆前此棫樸薪槱之所致
而近日推舉動稱乏人培養已不勝摧折今并
其培養之源而漫不加意興日誰與共理天下

乎五月癸亥禮部奏請廣解額議除陝西遼左以外浙江江西福建湖廣山東山西河南廣東四川各加五名廣西三名雲貴各二名而南直隸生員加中七名監生三名北直隸加中生員六名監生四名用以表章

聖世右文之盛舉

皇上同仁之至意六月戊寅禮科給事中晏文輝猶以南國議加數少復請增焉疏畧曰臣惟吏治必資於人才而人才必基於科目故鄉試之數廣則博取而精擇之將會塲可資以遴選而真

才自爾其多得矣己酉遼東請增五名壬子陝
西請增五名而
皇上慨然允行良有見也今南直隸宜增解額按臣
駱駸曾言之
皇上已下部矣乃臣猶有所瀆陳者則以南直隸文
才實甲天下臣于壬子歲曾請增二十名而數
倍于各省者非爲過也考舊額生員止一百名
監生二十五名而數科以來文日益盛中限于
額以故主試者就中叅酌遂生員一百七名監
生二十八名乃今監生則又盛矣夫劃監之七

名以益諸生而紛紛監冑每起不平之嗟是以
臣謂當增僅以監生七名益諸生而濟濟青襟
猶抱遺珠之歎是以臣謂當增二十名大約以
三十五名還諸監而以二十名還諸郡學則平
日所作養者悉得以登名於賢書之内矣己卯
南京河南道御史郭一鶚以三堂虛席兩監乏
長上言臣聞
國家有大紀綱張而相之在人即今之都察院左
都御史副僉都御史是已
朝廷有大教化敷而導之在人即今之祭酒司業

是已
二祖建官之意原無虛誕
列聖簡任之殷何常後時未聞有一日令盡署空虛
者有之自今日始切思一轉盼間羣吏入
覲期在於冬所藉以黜幽陟明協力行之豈異人
任多士應試期在於秋所賴以肄業育才協力
誨之又豈異人任將可令其缺一耶且三堂久
推者極近代老成之選兩監特簡者皆一時端
亮之儒胡然靳一點用不爲紀綱教化慮乎夫
紀綱漸廢則伏邪萌不軌之念教化向頹則時

髦無檢押之規以今盛際何樂有此象況自
祖宗來所必不可廢之元僚必不可曠之職業可遂
置之弗理耶庚寅以顧起元爲南祭酒秋七月
丁未以編修汪煇爲南司業辛酉蒞任癸卯祭
酒顧起元辭疾乞歸疏云失羣之鳥三匝而鳴
哀哭子之猿數聲而腸斷臣兼此二痛并在一
腔怔忡徹夜眩暈彌時神眊如癡身瘦似削狗
馬猶知戀主蚍雀尚知報恩臣雖朽材忍負
聖眷無奈分緣命蹇禍與病鄰雨露霑濡不能潤既
枯之木江河浩蕩亦難活就涸之魚祭酒何官

辟雍何地乃欲以奄奄愁困之體而望興濟濟
多士之風勢力之蠹敗難堪公私之狠狽已甚
冬十月戊申
詔令起元仍理監事起元自爲諸生即有志經世
綜緝千古研幾性學發爲文章博奥弘穎歸于
典實其表帥博士弟子風儀整飭一惟成憲當
時胄監無敢有逸繩之外者已未范汝敬爲丈
范應期乞
恩酬勞
上勅部議給與之十一月甲戌大理寺評事居玄極

乞其父故視南祭酒事屠羲英卹典
上命賜祭如故事葬減其半十二月庚戌禮部議曰
國家之法有必不可行者有必不可廢者人臣
當共守之若明知其不可行而惟情是狥明知
不可廢而惟便之趨則一時亂法而弊且極于
無所底夫必不可行者納貢之例是也必不可
廢者行查之例是也今夫以次陞者爲歲貢爲
選貢
恩例偶行者爲恩貢三者幾與科甲埒他途不敢
望焉其以貲進者未聞以貢名貢則未聞以貲

進者也銓選之流品既分當官之體貌自別自納貢例行而正途混矣然猶經本部查送也乃通狀告納數十金或百餘金而忽攺准貢之名目俱曰科舉幾次也食廩幾年也本部曾無隻字之聞年月得以上下字跡得以洗攺胥役得以　舞文州佐縣二如取諸掌寄院道司府槩稱監貢而無欲不得矣是納貢之失宜斷在不行者也至在京告納監儒先取同鄉印結暫送入監必有原籍查回乃准實歷法誠如是然猶有目免如臣前所言者今新例正途京官子弟

隨任槩不行查以爲正途必知自愛親子必無假託竊恐法者天下之所共不應以京官獨靡以正途獨寬譬如千里之馬豈無别於駑乘然而羈勒啣轡則駑良一也回籍則有部扎赴任則有文憑赴部則由原籍起送凡正途類然法在故也况乎京官之子弟乎且俊秀猶可言也至於生員厮于黌宫隸于督學既不覈實申送又不照會除名此已列之太學彼猶附于青襟附作增增作廩部監不得而知也或停降或緣事學臣不得而知也同鄉印結寧盡知之人心

不同有如其面恐紛紛從此滋冒矣切意寬于
優免既已存京官正途之體嚴于查覆又以存
上下畫一之規則行查終不可罷也總之法一
立要使人人共守勿開私便之門法一行要使
世世永遵務爲寡過之地
國是惡有不定者哉
上下其議酌之
丙辰 萬曆四十四年三月庚辰巡按山東御史過庭
訓爲東省救災建議夫援納事例已經戶工二
部條議奏有

明旨各省直地方官監生儒人等遵行已久矣東
省災傷異常可以急救目前者無如援例一節
然不就近地不減銀數誰肯樂於赴納哉查得
萬曆二十二年二月戸部尚書楊俊民因中州
災傷題爲民饑異常就近開納以佐賑惠今東
省災傷更甚於中州宜查照昔年遞減銀兩事
例又照戸工兩部見行應納銀兩監生生員儒
士俊秀吏役納官納監各項事例南直北直河
南近地各願輸納一體准行其納過穀專聽撫
按衙門賑救饑民不許那移別用至廩生舊有

准貢之例近日禮部具
題停止亦清楚貢途之意第廩生食廩三十餘年
方得出貢苟非少年補廩者則出貢之期已老
大傷悲不若強壯使入太學於
國用微濟而於人材未必無補矧當此需財甚急
之時乎所在廩生果係科舉三次食廩十年以
以上者行提學查明當照昔年
題請事例聽其援納准貢仍照例量減銀兩民間
俊秀子弟有能納穀一百五十石者取有本地
倉收行提學官准其以附學納監如願納者仍

照時價准穀或不願納監者准與以衣巾名色
免其雜泛差徭願入外學者聽提學官再試果
文理堪觀准其充附日後與在學生員一體送
考武職中如納級指揮許其納銀四百兩授守
備職銜不食糧各撫院衙門聽用有無薦者止
許衣冠榮身有司以禮相待自今春至夏而止
後不爲例此亦可以廣
皇上作人之典而亦可以濟灾民旦夕之急矣伏候
聖裁戊子戶部左侍郎李汝華上言臣等看得開納
事例原爲協濟邊儲故在各省直收納者隨收

隨解以充軍餉過御史欲權行開納濟饑據議
亦出權宜倘于荒政有裨不妨寬假合無暫開
至夏而止後不爲例嗣後收納事例銀兩悉照
本部題奉
欽依事理仍戸七工三按季解部以充軍餉至于准
貢之例近該禮部
題停杜塞倖途奉有
明旨移會在卷非臣部所敢輕議照禮部停之爲
長又因東省停徵本部全藉例支吾邊餉若南
北直隸河南等處皆赴該省減銀開納誰不樂趨

本部又何望焉則惟東省六府聽其暫行可也

丁巳以右春坊右庶子周如磐爲祭酒甲子以

南司業汪煇陞左中允

丁巳
萬曆四十五年春正月甲戌禮部建議諡也者

行之迹也自古嚴重之顧論諡于葢棺之初易

其行事可據也論諡于世遠行湮之後難其淑

慝易淆也四海之大二百四十年之久耳目旣

以難周議論又多相蠶況以一字之褒激發天

下後世公忠貞介之思倘其人與諡相背予之

者爲濫當之者抱慚徒狥一時之私情而垂百

世之公論義所不敢出也臣等仰奉
明綸備稽衆議咨詢不厭再三叅伍必徵故實不
信家乘之錄不憑諛墓之文不狥子孫枌榆之
情惟以天下之公是非合之其人確見其清風
亮節亭亭物表者予之否則置之安敢謂二百
四十年名碩盡在擬議之中但遺誤尚有補續
之時而濫舉終遺市恩之誚寧甘疎失無敢偏
狥茲除
國初諸名臣攀龍著績垂姓字于旂常先朝忠諫
諸臣補袞亡身揭忠貞于日月皆應表著以發

幽潛容臣等詳查另議外謹以應謚名臣共四
十四員開名恭
請伏乞
皇上勑下禮部暨翰苑撰謚號頒之庶尊名嘉惠起
生色於九泉而彰往勸來樹芳規於百世疏中
黄鳳翔傅新德周怡敖文禎四人皆歷官南監
烺烺在人耳目者春三月壬午原任南監祭酒
今陞少詹事顧起元上疏自陳臣自登進士荷
蒙
聖恩拔置史局晉列官冢繼承

簡命秉鐸南雍臣以患病上疏
請告未奉
俞旨又蒙
恩擢臣舊恙未痊跧伏田野未能赴
召日切悚惶玆當考察之期臣前任四品例當自陳
以待幽斥伏念臣迂拙散才支離病體一叨史
職曾微染翰之能再忝
官僚未效涓糜之報濫竽禁近久愧庸虛代匱成
均徒滋瘝曠惟經術之淺薄既無以陶鑄夫人
材且德望之輕微又無以轉移乎士習兼以沉

痾未解力疾不前空擁皐比漫無課督即令亟
行屏斥已玷虎闈豈宜更冒
寵榮再塵
鶴禁伏乞
聖明將臣即賜罷斥庶清華之選不至重誤于庸流
而澄汰之嚴抑可廣厲乎功令矣甲申復疏求
退
詔遵新命丁亥光祿寺少卿陸彥章考績得贈父
爵故事父職高于子者上進一階乃爲其父故
禮部尚書兼翰林院前南監祭酒謚文定陸樹

聲乞進原秩辛酉
詔贈陸樹聲光祿大夫夏五月丁丑復錫贈官誥
命從前請也秋九月丁卯王臣夔以父廕送監
讀書戊寅丁鏞以父丁賓廕送監讀書吏部據
巡按陝西御史龍遇奇奏原任巡撫李春光叙
錄
詔廕一子入監冬十月甲辰禮部疏請前祭酒劉
曰寧郭正域等俱經閣擬謚法
進呈乞
賜點發臣部遵行冬十二月丙午周如磐稱病乞

歸調理不許

戊午萬曆四十六年祭酒周如磐蒞任閏四月丁亥

原任南京禮部尚書黃鳳翔廕一子入監讀書

顧緗詔以父顧其志廕亦爲國子生秋七月甲

午廕原任吏部右侍郎前祭酒劉曰寧子一琦

入監讀書八月戊寅以施鳳來爲南監司業

己未萬曆四十七年春二月辛巳楊淑之以其叔廕

送監讀書辛未廕原吏部尚書孫丕揚孫允僖

送監讀書秋七月戊戌以孟時芳爲南監祭酒

八月壬子監生王應遴奉

詔修志秋九月甲申李啓熊以故大學士李廷機
廕送監讀書冬十月丙辰學録喬拱璧上言古
來未有聖明之君重金寶而輕宗社者亦未有
賢智之主信内使而疑羣臣者遼事危急至此
經畧臣熊廷弼雖賜尚方之劍而無奈人心涣
散兵餉不給戰守少備内外無援勢難獨恃萬
一遼城不保則山海薊鎮遂成破竹之勢切恐
戎馬未及都城而已先有内變矣一二大臣享
陛下高爵厚禄日在醉夢中遇事譸張者自塞請帑
之路隨人遷就者徒虛帷幄之籌大臣寧足倚

耶操班軍士遡來人執一柳棍其端或著數寸鐵便爲利器試問以坐作進止之方攻圍擊刺之長果可使之執干戈以衛社稷抑能制梃以撻賊也羽林奚足用耶四方之士豈無勤王效順者然必有以激勸約結之庶幾人懷挾纊之恩甘心赴敵以死項者西晉四千之衆奉檄先卽都門兵部不爲安插戶部不給糗糧向徵該省撫臣預備千金散給幾爲涇原之續矣是尚可以招徠後至者乎天下止此物力痌瘝相爲一體今民窮于賦役財竭于稅監征倭之稅未

獨征奴之餉復泒災荒洊至苛政日繁十室九
空民不堪命是尚可以加賦乎刑于近習匪教
匪誨彼知
陛下厭聞邊事一惟阿承取悅苟倖目前安識存亡
遠慮今遼左喪師失地罪同罰異僉言李維翰
李如禎李如栢皆輦金厚賄左右以至羣臣奏
疏未得盡達
御前如盧受等且恐連坐通夷前罪私相蒙蔽中
外睽隔禍本於此又聞此曹各令家屬官賚貲
于江西置買田舍預思爲播遷之計此其設心

不過爲裴寂爲王振諸人而已其言果足信否
前代塵臺鉅橋之蓄瓊林大盈之積未嘗不爲
子孫千百年之計一旦時移世改徒爲敵寇之
資
陛下雖擁帑金萬萬人心一散其誰與守蓋多藏厚
亡自古明鑒
陛下何見之不蚤也當此天地板蕩宇宙乖離四夷
啓疆大寇已入門庭
九廟神靈且將震驚豈
陛下久擁不貲之富

深居高拱之日請亟
御文華殿
召文武大小臣工
諭令各陳所見果有傑出之才臣如李綱趙鼎于
謙者則委以城守事宜武臣如張韓劉岳戚繼
光者便當擢以不次速令出關或陰以扼要或
借爲聲援用壯遼陽之膽而堅河西之防四方
有能勤
王赴義者責成該省撫按犒賞遣行星馳入衛
諭令貴戚勳臣暫止花石土木工作大捐私蓄以

助軍需

諭戶部傳檄各省藩司運司將老庫存留并郡邑積穀入官還官銀各借一半連解餉司如近日河南司例

諭兵部馬上推督召募新兵沿途不得搔擾而預備衣糧以待其至若武舉將材尤宜廣行蒐錄倘虜俸餉不足請以沙汰各營老弱口糧月給三石或令更班自往通儲關領其營房必得千有餘間一時蓋造未及臣見安定門外車房鱗次半為虛設請以車輛三五歸併一室便可棲

息萬人更有繼至者則四郊各寺院亦可暫安
次
諭工部速將通灣竹木近郊磚石搬運入城蓋此
等漫散盡爲攻具斂之皆足爲守用也火器當
及時備辦以給新營内庫收貯硝黄大半皆攙
和鹽土兵興之際不可不以實效問寺馬價匱
乏當清理御馬監冗耗以協濟之庶緩急相周
得宫府一體之義竊窺戎政尚書黄克纘機謀
調度詞臣徐光啓諳練韜鈐科臣姚宗文精深
方畧誠當今之韓信禁中之頗牧也

皇上皆簡而任之良得其人矣但事權中握雖武穆不能成功糧運不給雖孔明不能遠駕倘復有所牽制使不得盡智竭忠不亦負
陛下知人善任耶至於甲仗兵器皆不可用非另造不可軍餉不貲計窮搜括錢法一項亦可稍濟一二顧其材料匠作南方種種精便請于兵工二部各選精勤一二任事之臣開局于蕪湖清江兩地製造鼓鑄陸續解京接濟庶幾軍需不匱甲堅兵利不徒以卒予敵也今
陛下當撤樂减膳之時而況内府儲蓄陳陳相因乃

不顧民窮財盡上供日急紛然横索竭天下四方物力以資朽蠹此何益于

陛下也請將各省之織造蘇松之布解江右之蠟蜀中之扇暫行停止改折助餉其他如内外之冗員宜汰戶兵二部開納事例宜行清刷則軍需不患不足矣猶願大臣和衷博採去黨同伐異之私羣臣戮力同心息分曹聚訟之議庶幾人心離可復合

國勢危可復安疏入不報

庚申 萬曆四十八年夏四月癸丑祭酒孟時芳到任

秋八月陞祭酒孟時芳少詹事同原任侍郎顧
秉謙纂脩玉牒冬十月辛酉南京太常寺卿曹
珍十一月壬辰應天府丞鄭壁先後攝監事先
是九月丙子改尚寶司丞汪元極爲司業尋被
劾
旨下回籍養病
庚申泰昌元年十一月丁丑前祭酒顧起元辭任不
允十二月乙丑原任大學士前祭酒許國孫志
才奉
詔比例陳情

上以許國舊臣在
皇祖時屢疏建
儲去國没身未沾恩敘
准加贈太傅廕一子尚寶司司丞初八月乙丑
上諭輔臣令開具東宫講官者有勞勤者量加恩䘏
覆奏引弘治十五年奏准事例東宫講讀舊臣
勞及三年者廕一子中書舍人其未及數者送
一子入監讀書東宫侍班官三年者亦如之
今上即位之十月壬子吏部復行
題請得

旨遵
先帝遺令舊臣曾朝節等各賜廕一子入監

南雍志卷之八終

南雍志卷之九

事紀新續

辛酉天啓元年太常寺卿楊材光祿寺卿馮若愚

先後攝監事

壬戌天啓二年二月以左庶子黄儒炳爲祭酒三月

南京湖廣道御史游鳳翔上言南都首善之地

太學賢士所關司成久缺士習漸漓雍教廢弛

二月丁祭時有監生朱同經孔叡張士純等擠

壞玉磬毆打樂舞生伏願速補堂上官仍令刻

期赴任報可四月以編修葉燦爲司業五月太

常少卿區大倫攝監事大倫理學宿儒所歷必勤職業即代庖不敢傳視因監志

四朝缺紀遴博士姜一洪助教申紹芳學正孫應徵俱良吏才給楮墨費令主總裁又以烏程監生唐時該博知名摭拾編緝即今所刊續志八月移呈禮部將時比監生宋啓明修吏部志生員俞汝楫修禮部志一體准貢八月丁丑祭酒黃儒炳至監視事飭規條模範尺寸不爽而經笥武庫著述爾雅茹綷古今士類翕然樂得所宗

命助教申紹芳纂修本監

兩朝實錄九月報竣十月令學錄葛大同取廿一史
藏板糢糊者易之廢落者補葺精勤勘訂屹成
完編并前續志底稿再爲繙較多所敘論繕寫
藏之至祭酒李孫宸乃更與學正黃奇士等刪
繁補缺間附論斷始爲完書而發梓焉十二月
甲寅司業葉燦涖任是月祭酒黃儒炳疏抒本
職俸助餉
上優旨答之
癸亥天啓三年正月乙卯南京禮部侍郎魏廣微疏
叅僞咨監生管一煜萬鵬程吳道愼黃國禮吳

明守吳明寅張希文程國倫
上報令嚴鞫諸所司神奸僞符舞文勿爲容隱故違
者一體寘之法祭酒黃儒炳以京察例自陳奉
温旨留用禮部上言天啓元年
題准兩京十三省鄉試副榜破格優異此係
皇上登極之初嘉惠文人已通行海内矣惟是
恩求可繼法求可久未盡事宜臣部正在擬議間
適南學臣御史過庭訓毛一鷺條上務在推廣
皇恩預防冒濫慮至深也弟准監准貢准廪前途進
步與往科給賞不同士子邀有異數恐從此別

開倖竇夫安得不定之以額也且正卷中式而外各房即有遺珠不過一二卷凡在闈中者人人能言之可見副榜卷每正卷十名只備一二名足矣合無以辛酉科爲始各省直於文到日將原中副榜照依名次截住每監生中式五十名即截定十名生員中式百名即截定二十名各省不拘中式多寡一准是爲則即將副榜逐名造冊報部查考以便咨送其准廪對備人數既少廪缺亦易故榜後先儘副榜然後及於考案此當入之條約通遵者至於廪准貢監監准

貢選俱以副榜二字別於援納取選時併從優
考較之暮年歲貢守選遲速頓懸計廩生自當
欣然樂就但此中恐有貧生不能赴京科舉聽
於本處應試其貢生副榜無論恩歲優考縣正
教官副榜准作正薦幷咨送吏部以示優異以
上數款的覆兩學臣所條議幷補臣部前請所
未備者若夫取中副榜必經主考手批裁定如
其卷應中而限於房額如某卷應中而裁以某
篇但留佳卷不必逐房充數標定名次同時揭
榜仍同正卷解部聽候叅駁如此庶副榜以定

額見珍
皇上以法一可久矣各直省新遵事例備數頗寬除
額定副榜外餘名仍行給賞以示鼓舞但鄉試
副榜已沐
皇仁今會試副榜數人不多亦宜量加優異臣部尚
未敢以請也
詔從之祭酒黃儒炳自敘承乏南雍每有所行事問
累年
明旨無從稽考蓋緣奉
旨事每年不過三四款旣不成帙入之堂稿中又

嫌其褻諸吏書遂并罷之今特置簿恐其單卷
易失另於堂稿首置白紙數篇凡
聖旨之有關監事者次第恭錄月日備書以昭欽遵
仍願後之君子於每年堂稿俱倣此意庶堂稿
存卽故實存幸毋疑爲不恪者而輟錄也
天啓三年二月壬午禮部左侍郎鄭以偉上言事
例濫觴之極民生變而附學增生變而廩貢蹟
生日煩貲納轉少北監之李大元方發而南均
之管一煜等又報錢需之地不幾爲鬼蜮之鄉
乎業奉

明旨責成司官臣以爲非嚴行精核長此安窮而討
所以嚴核剔蠹者其說有四一曰給付之單款
宜覆也蓋監生之通狀呈於銀臺納單開於户
工實歷送於本部一處一印隨到隨銷故奸究
得以上下其手計莫若置一長單單中多置格
目中塡書本監生係某府某州某縣人通政一
印更書於某年月日納銀若干戸工一印又再
書係某廩某增附生實歷送監儀制司一印又
再書於某年某月日監完送吏部國子監一印
又再書於某部某年某月日歷事完訖吏部一

印即給依爲起選之契如此則歷履步步壘石恍若開部見山衙門森森列星安能鵲文逾遣茲長單之當給者一也一曰文移之應照宜詳也葢監生之鄉貫通政不知廩增附民户工不知銀數多寡國學不知片紙奉爲承受簿籍不相會同故奸雄得以播弄其神計莫若簿冊相爲循環户工收銀庫簿本部每月調查而監丞將隨收實歷簿每月送本部知會各衙門歷事監生歷滿之日仍赴本部掛號註銷其定年加納取選吏部仍會同本部查其歷事完欠并上

選年月方與授官蓋秘計閃銀必不登名於庫簿而監文知會可稽送監之實虛空納照來益可稽躍脫之速化年月算定更可杜積薪之蹤求如此則覺察同心已貫塤篪於精脈直窮到底難提偏線於光明茲循環之當照者二也一曰吏胥之奸弊宜鋤也今衙門吏書承行者一二人而待缺者且五七人象蹲蹠匪老猾盤據於中央日嘯眉歌衣缽容傳於下手刓印而膽可包身移咨而符可使鬼監生之告假也暫歷之行查也乘官司陞轉歲月蹕延轉爲神通若

司官傳舍而吏書乃世襲也者每見州縣申文
正印之下即書該吏其人逈閲實歷手本年月
止有司官而吏書渺然不載誰管承行而尊貴
若此乎以後送監公移於司官署尾明寫吏書
姓名倘奸弊再犯必首查承行何人且嚴諭吏
書有能舉發刋印詭咨者即將奸吏頂首全給
該役或以納監之半賞之而僞監出首者除刋
印不赦外其出前者或令照數補完量議應得
罪案若待缺之吏各司俱當綜覈而限以數月
如此則家鬼家神難藏竈前之烟叢典衣典冠

誰放匣中之虎豹茲奸弊之宜鋤者三也一曰
督監之分任宜專也夫
國家之敘秩條儀司之職掌而
宗藩也文學也科場也
封差也
表箋也左右袒而方圓應繽紛僥劉穆之才規隨
和而謀斷資坐嘯宜公孝之佐以後委一風力
司官專查文移專查印篆專察奸所自起專彌
弊所由來合援
王府科舊例給一條印俾科歷於在監等署年月

仍用司印以明其所自統吏書鈐以條印以昭
其所獨專如此則稷蜂薜鄜難燮九尾之妖鈇
淵察雷鞫立清千塵之案牘茲分任之宜專者且
四也蓋長單列印足了當例監之一生而文移
互捜吏難容巧監之影射況吏書聾瞽而嚮邇
霜颷銷稷蜂之屯委任專而輸納多朽紅足驗
塞之飽伏乞
勑下本部合具長單紙張合鑄提督監生條印合知
會工戶兩部並國子監等衙門事欲其備法在
必行知會者不得彼此推諉照應者不可時序

淹留卽神奸何能爲乎然而臣猶有說焉以後
凡監生之告納者未投通狀先具鄉貫三代呈
本部查明方向戸工納銀其投文送監俱本生
親領親齎不許求情代替其南京告納者
勑南禮部將文移照會南戸南工南國子監一如本
部仍
勑南監每季照應南禮冊籍按季送本部查考具南
禮部咨送并南監收入與南吏部上選文冊每
按季具題南奸其有豸乎得
旨如議行八月庚申祭酒黃儒炳司業葉燦奏爲學

宮頹圮已甚非本監力所能葺且
聖代惇典右文凡南京太常寺國子監衙門損壞或
奏行或移文到工部委官估計會辦工料修理
載在
大明會典臣等不敢不以懇請
聖明也先是本春正月
元旦次日大小九卿六科各衙門謁
廟到監見本監支堂六乃助教學正等官分教之堂
就中率性修道正義三堂最爲傾卸共爲嗟嘆
隨踏閱後即移文南京工部如議三堂量行補

葺業於六月中興工矣固謂其他可俟工作之少舒也不意七月初五日東廂房盡行傾墮地初十日彝倫堂西二間梁棟摧折瓦椽糜碎夫東廂祭酒官陞堂後所退居以便課肄批發處也臣幸不遭覆壓乃移席就東堂視事殊爲非體彝倫堂西邊則每陞監時屬官諸生皆周旋其下者也幸是日尚非陞監之期若前一日師徒皆爲虀粉矣今中堂置

聖祖香案上雨旁風觀之踧踖古之言學官廢弛者曰終朝之雨流潦不停既夕之天星辰羅列以

今方之更爲茀廢今堂上梁柱朽爛甚多即如臣等每日陞堂其公座處貼身左梁幾幾歷下以三杉槁枝之臣等危坐而諸屬官竦立其景象何如也且不獨此也南廂房爲司業陞堂退居教諸生背書看倣之房今脊桁浥朽欲墜從此而博士廳爲諸生聽點考到之處及胄子房一帶爲二丁部院監禮齋宿之處亦墻斜柱裂朝不保夕不及時修理恐再有倒塌工程更大况日惕惕於冒險行立者乎諸凡所言不過内堂内門若儀門以外尚未暇慮及也極知

國用匱乏之秋不宜興作但此乃不得已之後勢難
進緩耳大抵北監在
京師爲
聖主所臨幸每
朝皆重加修飭是以完固即如天啓元年
皇上曾發銀三千兩修理今科臣郭興言復以
幸學期追條陳修理矣南雍自鼎建後至景泰間輪
奐始成距觀二百餘年間修理若不過一二舉
然只撐撥爲功不能大爲剏搆夫南北兩雍並
峙皆爲

國家成就人材何比雍比於得月之樓臺而南雍獨委之不惡也方今號舍荒蕪鞠爲茂草臣等未敢以達之工部其祭酒司業諸屬官署在監外者隨壞隨修皆臣等權支節省廪米餘銀聊且辦治未敢以故事煩工部臣之力已殫矣衙門壞矣極矣不望之

皇上而誰望哉然則庀材行修及時與工使多士得所帡幪者臣等區區之手額也抑臣等因是有慨於逋賦之當徵也

國初南雍錢粮不具論其在萬曆間歲入勤之榜板

者止二千兩有奇迄今不知幾爲銷減夫此二千餘金也舉合監官司之俸諸生之廩餼暨吏書門皂百餘人之工食皆於是仰給而考課季考科舉刻書及各墻垣器物小修費復不貲即使每年額解無欠所餘亦自無幾其如到者僅强半何也即如天啓二年終歲所入僅一千一百五十兩而費用實至二千兩不免古心那借臣等今年催趲四出計得足了今年之事而前所那者尚未能補也查各縣年來逋欠至一二百金者不能僂舉其欠之最大者莫如應天府

句容縣萬曆四十三年至天啓二年止積欠餼
肉銀也次則常州府江陰縣自萬曆四十四年
至今陸續欠膳夫銀及俸米銀也湖廣每魚乾
銀四百四十餘兩自泰昌元年迄今解至户部
者止報三百兩零其云候陸續解者尚有千餘
金矣計今應天府丞情殷作養其使於縣奸書
者方行拘究查湖廣撫臣念注成均其貯於布
政司者方下檄促發臣等謹從容俟之江陰縣
近亦有回文查報餘府縣錢糧多賴南戶禮二
部代催而臣等必以告諸

皇上者要以明本監措處之難旣敷教而無地復養
士不贍如此也臣等再查
大明會典載修南京各衙門一款云若衙門原無公
費及應該大修者經自
題行工部覆行南京工部會計與工修完造冊
奏繳今本監例正與相合勢有不得不倚辦於營繕
者雖然方今
聖明御極化覃薪槱臣等不宜言涉纖瑣試一念及
昔日之孔曼且碩棟隆至今有存者爲
聖祖規模之遠則知此日之隨弊而修前勞於今勿

隳者卽爲

神孫堂構之光其

具

命司空以勒將作有不待臣詞之畢者矣臣等冐昧

題伏乞

勑下工部議覆上

請咨行南京工部將本監應修處所逐一速行會估

周閲頹欹摉剔蠹腐委賢能官着實修理有瑕

必撤而以其餘力及門亭之間將文教興而士

向風東西南北無思不服直翕然從辟雍起頌

焉臣等無任激切祈懇之至　八月辛未以祭
酒黄儒炳爲南吏部右侍郎乙亥戸部奉
旨行監撥監生三百五十名查理黄册九月丙申學
宫頹圮一疏始下部覆上復報可乃咨南工行
焉庚子南京禮部劄文到監先是北雍生章尚
安趙維清等結黨養交作諸亾賴至尚安巳死
而維清等猶持爲騙局巡城御史置於理上疏
暴之請
勑吏禮二部國子監等衙門不論在監在歷聽選納
粟監生通行甄别留良去楛以後凡遇援例納

粟監生定遵

祖制用民間俊秀子弟其身家過犯並曾爲衙役如
章尚安類者不許一槩收容亦不許濫與監生
名色庶就銅臭之中稍存清流之脉賢關不致
太涸士林爲之有光而于以懲刁風正
國法所裨良不淺矣巳奉嚴
旨移劄一體稽查約束　十二月辛卯以左庶子唐
大章爲祭酒丁未以司業葉燦爲左春坊左中
允太常卿李維楨攝監事
甲子 天啓四年四月庚子祭酒唐大章至監視事五

月博士楊先芳學正傅冲之李學曼徐鳴皋因
恩詔請移封贈其父倂比刑部司務袁文紹例借從
七品封贈其母爲孺人祭酒唐大章上言
恩選畢集解額未增請遵舊例以廣賢路并復陞遷
成規以勵教職臣備員南雍涖任來學所屬分
教諸臣夙夜飲冰不勝是懼所與諸生共相砥
礪者惟
高皇帝成憲之爲兢兢罔敢少自隕越以貽職掌羞
暇則日取諸生而課之見南國人文蔚有可觀
而其中博學宏才卓然領袖者則

皇上初元所選士也語曰國君聖而人文聚
皇上以堯舜之聖
龍飛異數諸生應運而興各學臣之奉行
德意者又矢公矢愼取一人焉拔其尤是以人文之
盛若此今鄉試屆期四方鼓篋而來者日多一
日廩增附例置弗論
恩詔合副榜不下千餘人此千餘人者較往年應試
而頓增焉者也乃中式舊額止三十二人辛酉
加至三十七倘今秋拘此成額往猶六十取一
今且百人而取一矣人衆途窄其何以堪臣嘗

攷隆慶五年恩貢太學兩京鄉試各增五十名
萬曆二十二年選貢集太學順天增二十名緣
是年廷試諸生無告南者故止增順天至二十
五年選貢分試兩京各增十名
皇上龍飛天啓應天增十名其五名以
登極恩其五名則以
先帝恩貢集太學者衆也繇是觀之有一番
恩選定加一番解額灼灼明矣
皇上所選士在辛酉鄉試後尚未蒙額外恩加恩其
在今日乎以

皇上謫法堯舜明月達聰方冀闢未闢之四門豈從
前必加之額而反靳之且
先帝恩貢
皇上業加額若干豈獨於所自選諸士而靳之臣知
皇上必有以處此矣伏乞
皇上俯賜俞允
勑下該部或照萬曆二年例暫增二十名或照隆慶
五年例增十五名庶結網不踈英才靡漏始完
覃恩局而徐收得士之報矣臣尤望於
皇上之廣厲分教諸臣也臣之屬自監丞而下博士

二員助教四員學正四員學錄二員皆臣所率
以司分雍教者也按陞遷之法從前有陞檢討
者六人選授御史者五人如南御史葉世治則
皇祖朝以博士選者也至於部屬理評則比比後先
相望矣乃今官猶昔之官而陞遷頓與昔異諸
所遷轉率多府同知州郎部司務亦未數數矣
夫撫按薦疏中所舉郡邑司教諸臣必有品學
並茂表表特達者乃列於六館之選夫既拔之
六館以展其所能矣比其陞也又僅得比于外
令尋常之轉凡司是職者何以勸焉臣謂今日

之急務必申飭教職恪遵
祖制力挽頹風方可以更化善治而兩雍首善之地
尤天下所觀化者乃兩雍六館之陞遷既不得
比於往昔而南雍又多有不得比於北雍者臣
方厚望諸臣共襄雍教以磨礪世風稍令不得
其平而默灰觭用之志又何以責成後效而鼓
舞將來乎是以敢弁
恩遥加額之請恭陳於
皇上之前夫豈敢邀
主德以示私恩誠以飭教典賢自是臣分内事而

皇上御極以來
浩蕩之恩無所不被此固必有以加意者也臣在監
言監亦惟循其職掌而已矣伏乞
俯賜敕部允行諸臣諸士幸甚臣愚幸甚大章教遵
成法所養入理泓然承學莫窺其際又建議臣
一介豎儒蒙
皇祖拔置詞林隨沐
三朝優養歷官史館宮坊虛糜一十八年天啓三年
十二月内欽蒙
聖恩陞授今職今于天啓四年四月十七日竭蹷到

任於本衙門恭設香案叩頭
恩受事臣惟
太祖高皇帝定鼎金陵首建太學伏讀
御碑大誥諸書凡作人造士章程皆
聖謨睿慮可法可傳
聖子
神孫纂承勿替至於今而
祖烈於昭人文代起寔
太祖始基之也顧士習世風漸不逮古臣大懼上違
祖制下曠官箴負

皇上委任至意兢兢夙夜率分教諸臣矢志修復成
憲日提撕諸生而磨礱之自恩選廪增附以至
俊秀援例列宫墻者衆以千計亦皆駸駸嚮風
漸就規矩矣然臣所職者大學也古者十五而
入大學教之以窮理正心修己治人之道其道
以明德親民止至善提三綱以格至誠正修齊
治平分八條目自天子至於庶人皆同此學而
天子爲天地立心爲生民立命於此學㝡爲喫
緊稍就中得力便可朝施暮及於天下其效尤
甚速而至大故明君必以務學爲急也臣於是

耆耄而習之矣然拘局於訓詁牽制於文辭特外望藩籬而咀其糟粕耳既得諸儒所更互衍繹羽翼聖經者熟讀詳味始知此學其關於政治如登九層之臺而無不見如遊四闢之途而無不通如入五都之市而無不有竊嘗執此學以印證今之時勢覺救時鍼砭無良如此者敬以管窺蠡測之一得恭陳於

君父之前

皇上試垂聽焉宋儒眞德秀有言爲人君者而不知

大學無以清出治之源爲人臣者而不知大學

無以盡正君之法乃取聖經二百五言衍爲四十三卷八條目中有格物致知之要有誠意正心之要有修身齊家之要書名大學衍義而治國平天下之要闕焉我

朝成化間國子監掌監事禮部左侍郎丘濬復取眞氏書而增補之名曰大學衍義補蓋補所闕治平之要也共目十有二曰正朝廷曰正百官曰固邦本曰制國用曰明禮樂曰秩祭事曰崇教化曰備規制曰愼刑憲曰嚴武備曰馭夷狄曰成功化而各一目之中又有目之目焉合二書

而觀之眞之衍義主於理其義大而簡丘之衍義補主於事其義確而詳大約眞氏書嚴於格心畧於議治丘氏書則紀綱法度財賦兵戎禮樂刑政之具犂然燦然碁布星列不煩擬議鑿鑿可行則所以救時之弊者丘氏之書爲尤切也

孝廟嘉悅其書諭令刊布今固具在

御前也

皇上日御經筵儒臣首以大學進講其於此書大意亦每互相發明矣然一月之中講之日無幾一

日之中講之時無幾
皇上雖嘉納而不倦臣下恐陳說之大煩究且掛一
漏萬安得盡此書之用乎請於逐日進呈日講
中採輯數條并呈
御覽
皇上深宮燕閒不時披玩其中有欲參訂者進講之
日
詔儒臣造膝開陳務求表裏精粗洞然融透而後已
復於
臨御臣工之日揭其會於心欲措之行者與公卿百

執事質於大廷裁以
宸斷務期設誠而行之凡時政之所無者以此書補
其闕凡時勢之所窮者以此書通其變是
皇上所更於心發於事業本諸身徵諸庶民者莫非
此書發見流行之實而學問之功於是爲大矣
在廷諸臣感
皇上之好學如是勤政如是亦人人爭自濯磨勉圖
報效以求不負乎
聖明之主是謂元首明股肱良而庶事康隆古極治
之象親見於今日矣尚何患天下多事哉方今

狡奴未殲西虜黠詐危黔[illegible]施川貴動搖海内忠義之士慮無不枕戈請纓負慷慨澄清之志然所為畢智慮而贊

廟謨者不曰練兵則曰集餉耳臣於此時而獨以學之說進人不怪以為誕則笑以為迂然而臣實不敢虛且誕以欺

皇上也昔孔子以兵食信三者言政而歸本民信孟子以天時地利人和談兵而獨重人和是皆萬世之大經大法也豈獨塵飯土羹可為戲而不可為食者耶大凡治不因心終屬外假之文事

不法古斷無倖成之理自非人主省刑薄歛俾深耕易耨之民興孝悌忠信之行安所得赴義之兵而驅之自非人主存心於天下加志於窮民使民皆心君之心急君之急安所得樂輸之餉而用之自非君知將將知兵將相和調士卒豫附安所得節制之師而陳之然則議兵議餉固今日之急務而本

聖學以飭時政使兵為有用之兵餉為不匱之餉尤今日議兵議餉者之急務也在歲遼廣失事皆繇於乖氣召變舉世莫不知之乃至今而民懷

異心搖搖思亂五倫不敘六逆咸風不於此時施仁政以固民心倡古道而維末俗使天下耳目不亂法守彰明世道將安所底止哉臣謂

皇上自爲

社稷計必先務學而欲學古以救時則丘氏書其確可行者也夫眞之大學衍義成於宋端平中其君理宗方急戎事而莫能讀至我

太祖乃命大書而揭之壁間丘之大學衍義補

孝宗既

嘉納之至

皇上復採擇而推行之自是天啓之業將與

祖功

宗德照映後先昔

先帝嘗以堯舜望

皇上今乃知果真堯舜矣臣草茅書生不識忌諱然

一念朴忠勃勃欲發讀書偶得輒敢陳言昔人

有曝日負暄者輒思以

獻於君臣之謂也伏望

皇上垂日月之照以鑒葵藿擴天地之量以納蒭蕘

察其本末而毅然行之

宗社生靈幸甚臣愚幸甚臣不勝戰慄悚懼之至俱
未報八月戊戌以祭酒唐大章爲正詹兼侍讀
學士九月南禮部右侍郎李維楨再攝監事太
常卿蔡應麟光祿卿彭遵古先後更攝十一月
乙巳以南太常寺卿李思誠爲祭酒十二月
以編修林釬爲司業
乙丑天啓五年三月甲寅祭酒李思誠至監視事端
軌肅度學者得見先輩龍象四月癸巳晉禮部
右侍郎兼翰林院侍讀學士五月己酉以左庶
子兼侍讀李孫宸爲祭酒癸丑太常卿文鳳翔

攝監事六月戊子祭酒李孫宸至監視事與僚
屬諸生相約勸德行精考課復成規剔夙蠹革
超擾斤斤畫一以守上疏捐本職俸助大工
上優旨答之十一月歲報移揭吏部爲平陞轉以勵
雍教事竊爲
祖制崇重國學設有丞博以下等屬員分理雍教得
陞擢檢討科道以爲常若葉世治之陞南御史
則
神廟時事耳至陞部屬理評等缺則原是循資序轉
非有優異何也凡郡邑掌教必擇薦剡優卓者

陞之國學其次者以授州縣比其轉也則縣令
得行取爲南北臺國學既夢斷風憲乃部屬理
評等官在縣令爲尋常之轉而反以爲國學之
優異近有踰年國學而陞州正府判者比比則
是掌教時之優擢反爲劣轉似非所以平人情
示風勵也大約今日國學之陞轉既不得比于
往昔而南雍又多不得比于北雍雖額員稍有
多寡而部屬理評等缺比亦數倍于南今後監
屬除果有劣狀溺職者聽考功法在其情勤稱
職者伏希於部屬理評等缺以南陞南以北陞

比毋更從外轉以灰嚮用之心庶官職競勸教

化可與區區一念非敢于

主爵以市私恩也歲暮宴會賦詩自書箋予諸僚屬

丙寅　天啓六年正月丁巳司業林釬蒞任

南雍志卷之九

南雍志卷之十

職官本末

國初建國子學設博士助教學正學錄典樂典書典膳等官以許存仁爲博士尋添祭酒司業典簿更名典膳曰典饌洪武十五年改學爲監以祭酒司業爲堂上官博士以下諸職屬焉

特簡儒士吳顒膺祭酒之任因

諭顒曰國學者天下賢才所萃而四方之所取正必師道嚴而後模範正師道不立則教化不行天下四方何所取則卿宜崇重德義正身率下

俾儒生有所模範若徒以文辭爲務記誦爲能
則非所以爲教矣爾其愼之於赫
聖謨其視太學之重爲何如哉于時勳臣子弟多
不率教十六年
命曹國公李文忠兼領國子監事抶其怠頑者十
七年助教楊盤等使安南徵糧餉助雲南兵食
亦惟監選多才足堪使命之故二十四年詳定
品秩員數祭酒一人從四品司業一人正六品
監丞一人正八品典簿一人博士五人助教十
五人從八品學正十人正九品學錄七人典籍

七人從九品掌饌二人雜職越二月超陞河間
府景州學正胡季安試祭酒建文元年陞監丞
於堂上增二司業助教益至十七人省博士學
正學錄
成祖建官悉如舊制
宣宗諭陳敬宗司業乃師表之任儒者之榮則於祭
酒可如至天順元年益以不次之典優異師儒
於是祚聰徑由學正驟登僉都御史後此所未
有也
列聖累加培植監無虛員官無曠職嘉靖間選博士

有學行者加禮部主事職銜教習駙馬經書又納程文德之奏科道乏人就南監博士助教等官一體行取選授嗣

命祭酒重任當如巡撫都御史例會官推舉著爲令尚有

先朝之風隆慶三年博士止三員助教學正學錄皆減其數而監官稍稍輕落矣自萬曆三年吏科給事中歐陽栢欲復文德之議而不得請其後十年祭酒張位奏博士諸寮陞沉左轉及晉謁銓曹竟下與流資伍非優儒禮十三年祭酒

趙用賢奏司業
朝班北監隨坊局等官而南京獨在光祿五品之下博士可視行人今其體貌幾與雜流無別失一視恩皆未見舉行自是而降博士行取之例遂爲曠典雖祭酒司業有一時並鈌者至二十四年馮夢禎乞贈官員數二十七年因博助等外補頗多郭正域乞復
祖制其言皆關切雍政大抵南雍職官近來自兩司成外官或不備其著之仕藉者若監丞一人博士二人助教四人學正四人學錄二人典簿典籍

各一人掌饌由承差選者久已裁去嗚呼俊造流品紛出師道隆汚不常然亦顧其人自監何如耳教之不先而率之不謹即堂上之長且引以爲咎不得雍容都雅自居況其分餐錢而作諸生都講者安得謂夷然不屑也曰丞曰博曰教曰正曰錄曰典可以顧名思義矣

國初成均官擢用陞遷不束常調如以文淵閣學士宋訥爲祭酒前刑部尚書李敬爲祭酒儒士吳顒爲祭酒擢訓導宋復祖爲司業起前兵部尚書樂韶鳳爲司業（附）近因吏禮部多咨付本監（見）本監多用堂上歲舉云舊例

不知國初以内閣尚書爲祭酒以尚書爲司業則豈有受部劄付之理乎此不可不改正者也

以助教鄒緝爲侍講助教王達爲編脩之類前助教開濟試刑部尚書及學士劉三吾兼國子監博士胡儼以祭酒兼侍讀亦異於近來官銜者嘉靖間惟李本以北雍祭酒入閣其丞博等官擢臺職萬曆中年尚爾今亦不能復行至若以侍郎管祭酒事以太常寺卿管祭酒事以宮坊銜及常少管司業者近來往往有之此爲見行事例又近見行例一查理官員俸資以便推補事每歲將本監五品以下官員歷俸年月

日期各季終造俸資册用堂印典簿廳手本送
文選司一激發寺屬以肅官常以裨政務事每
歲查取本監官員職名造策填註考語於十二
月中旬繳送册用堂印典簿廳手本送考功司

職官表上

祭酒從四品散官初授朝列大夫陞授朝議大夫考滿授勳資治少尹

司業正六品散官初授承直郎陞授承德郎

祭酒掌師生教學

廟學祭祀錢糧經籍宇舍胥徒工役之政令凡生員入監撥班撥號舍給監規銷監規驗引判廩

餼衣糧判告依親省祭送子養病丁憂改監就
教免班凡分辨優卹等事撥禮生定開報講期
季試規約隨時出給勸戒諸生示諭撥差撥歷
判畢姻假飛籤點諸生委各屬官兼管各事歲
給具本
進歲報文冊各項錢糧到監先收批文判到發協
管與典簿驗收其支用數目隨事批行逐月稽
查禁戒書籍板刻損失
廟祠及内外學舍至各器用有缺敝則移文該部
修補各屬官考滿定書考語約飭吏胥徒隸查

理醫匠遇春秋上丁秩其祭祀及賓客之事其
南雍祭酒特重凡二丁每月朔釋菜爲正獻歲
暮主土地祠及門祭
司業同判太學之事督師生講讀課倣修德遊
藝凡背書命講題改定講章命課題查課倣生
員各項事務及患病批給短假不時驗試生員
勤惰或別命題面試之若習禮習樂習射諸事
則請于祭酒行之一應表奏公移同祭酒僉押
春秋丁祭同祭酒押椷戒示太常寺及本監供
事官共在南雍分獻　啓聖祠

司業舊制二員各提調三堂今一員六堂皆屬
提調若朔望謁
廟齋宿習儀及每日升監掣籤查則祭酒掣東籤
司業掣西籤凡各屬官各監生以事具狀祭酒
判行即於司業呈知凡生員於南廂給短假已
判即執狀赴東廂呈知凡生員罰曠歷撥撥鎖
等項兩廂禮生互引赴兩廂及西廳登集愆簿
畢赴本廂謝教
南京國子監題名後記
南京國子題名由洪永迄嘉隆間祭酒司業近

百人姓名滿碑石繼之者無地可書迺于是金華趙公新安余公大少兩司成伐石于山别爲碑自漳南林公錫山周公而後續題氏名爵里以予寶亦嘗承乏之屬爲記按南雍志有紀事有列傳備矣則曷爲有題名題名曷爲有記葢紀事以稽故實列傳以徵才賢而皆該載于志必展卷而讀篇盡帙窮乃始得其大凡若題名置之座右一舉目而了然易見記以綴之題名上明其所以題名者亦一舉目而了然易見也志之外有題名題名有記以此前司成崔郭大少

兩公始爲題名屬弋陽汪公作記也我國學設官所自始改學爲監鼎建廟學之由須行教士法與所以養士之具前記業已言之無庸予言其謂備遺忘存勸戒前記雖言之然而未悉其旨予于二公請則不容不究言之矣夫太學古稱賢關兩司成由文學侍從而來正法席敎諸生非他司比中間信多賢者題名以時賭記朝而省夕而思佔亦有所資益紀事倣編年體載事得失頗詳盡傳例至嚴非大賢莫與習此二者得人之臧否因題名睹記以反求諸身則所

以讀題名之一助故志不可無題名題名又不可無志斯益交相益而亦交相爲助者也今志所載紀事自正德末年傳自嘉靖初年皆闕然未知脩卽欲于題名朝而省夕而思倘信史無從稽而耳目有所未逮孰從而資爲益受其助乎然則題名不可不續續題名不可不爲記予誠不可虛二公請至於續修南雍志俾事與傳燦然明備爲師者有所信據崇踐履尚經術敦本實如前記言事求其得而人從其善卓然足以追前脩之盛爲題名助則二公與後來者之

責任也書以望之萬曆丁亥夏四月既望南京
禮部尚書前祭酒姜寶記
凡表體宜用界畫倣經緯法第監官遷轉不常
方中難於詳書姑備載歷官詮次如左

嘉靖祭酒
崔　銑
二年四月任有傳
湛若水
三年八月任有傳
張邦奇

常甫寧波鄞縣人弘治乙丑進士改翰林院庶吉士歷檢討湖廣四川提學副使左庶子兼侍講嘉靖七年五月陞任九年陞南京吏部右侍郎太子賓客吏部左侍郎掌詹事府禮部尚書終南京兵部尚書謚文定

林文定

汝英興化莆田人正德辛未進士改翰林院庶吉士歷編修右贊善嘉靖九年七月陞任終禮部侍郎謚文僖

陳寰

原大蘇州常熟人正德辛未進士改翰林院
庶吉士授檢討由司業嘉靖十一年六月陞
任十二年致仕
王道
純甫東昌武城人正德辛未進士改翰林院
庶吉士歷任應天府學教授吏部主事員外
郎文選司郎中左諭德嘉靖十二年五月陞
任十三年養病後起用改吏部右侍郎
費寀
子和廣信鉛山人正德辛未進士改翰林院

庶吉士歷編修右贊善南京尚寶寺卿右庶
子兼侍講南京右通政嘉靖十三年四月改
任十四年陞南京禮部右侍郎終禮部尚書
兼學士贈謚文通
倫以訓
十五年六月陞任有傳
馬汝驥
仲房延安綏德州人正德丁丑進士改翰林
院庶吉士歷編脩司業南京右通政嘉靖十
七年陞任十九年陞禮部右侍郎兼侍讀學

士二十二年卒贈禮部尚書謚文簡

鄒守益

十九年十二月任有傳

龔用卿

鳴治福建懷安人嘉靖丙戌進士第一人歷
脩撰左諭德兼侍講改兼侍讀嘉靖二十一
年陞任二十二年八月調南京别衙門用

黄佐

二十二年十月任有傳

程文德

三十四年四月任有傳

李　默

時言福建甌寧縣人正德辛巳進士改翰林院庶吉士以吏部郎中同考武舉持議忤貴臣謫外起官提督學校歷長藩臬嘉靖二十七年七月由浙江左布政使陞太常寺卿掌南京國子監祭酒事終吏部尚書兼翰林院學士

閻　樸

文甫太原榆次人嘉靖壬辰進士改翰林院

庶吉士歷檢討右贊善兼檢討嘉靖二十九年六月陞未任

茅瓚

邦獻浙江錢塘人嘉靖戊戌進士第一人授翰林院修撰陞左春坊左諭德嘉靖三十年十月陞任三十二年調北祭酒三十三年陞南京吏部右侍郎改禮部右侍郎

尹臺

崇基江西永新人嘉靖乙丑進士改翰林院庶吉士授編脩歷右春坊右諭德兼侍講嘉

靖三十二年十二月陞任三十三年調北祭
酒
林庭機
嘉靖三十三年七月任有傳
王維禎
允寧陝西華州人嘉靖乙未進士改翰林院
庶吉士授檢討
三十四年十一月歷陞祭酒未任
裴　宇
子大山西澤州人嘉靖辛丑進士以翰林院

庶吉士授檢討歷脩撰司經局洗馬兼侍讀
翰林院掌院侍讀學士嘉靖四十一年十月
陞太常寺卿管祭酒事

瞿景淳
四十三年任有傳

林樹聲
四十四年十二月任有傳

胡　杰
子文江西豐城人由丁未進士授翰林院編
修陞侍讀謫直隸廣平府通判歷南京太僕

寺寺丞尚寶司司丞國子監司業左春坊左
中允嘉靖四十五年十一月陞任
沈　坤
伯載直隸大河衛人嘉靖辛丑進士第一人
授翰林院脩撰歷右春坊右諭德嘉靖三十
五年二月陞任
潘　晟
思明浙江新昌縣人嘉靖辛丑進士第二人
授翰林院編脩歷侍讀嘉靖三十五年九月
陞任三十八年六月守制四十三年二月復

任

秦鳴雷

子豫浙江臨海縣人嘉靖甲辰進士第一人
授翰林院脩撰歷左春坊左諭德翰林院侍
讀學士嘉靖三十八年陞任

王材

子准江西新城人嘉靖三十四年改國子監
司業陞南京太常寺少卿進本寺卿四十一
年二月改管祭酒事

隆慶祭酒

呂調陽
和卿廣西桂林中衛籍湖廣大冶縣人嘉靖
庚戌進士第二人授翰林院編修歷國子監
司業右春坊右諭德隆慶元年五月陞任本
年九月改北監歷少保兼太子太保禮部尚
書武英殿大學士

姜金和
節之江西鄱陽縣人嘉靖庚戌進士第三人
授翰林院編修歷侍讀春坊諭德掌南京翰
林院事隆慶元年九月陞任二年二月養病

回籍卒

姜寶

二年任有傳

萬浩

汝孟江西進賢縣人嘉靖辛丑進士改翰林院庶吉士授編脩歷國子監司業春坊諭德掌南京翰林院事隆慶四年四月陞任五年陞南京禮部右侍郎改北禮部掌國子監事致仕

陶大臨

虞臣浙江會稽縣人嘉靖丙辰進士第二人授翰林院編脩歷侍讀南京翰林院侍讀學士掌院事隆慶五年七月陞任本年十月陞詹事府少詹事兼學士歷吏禮二部右侍郎卒贈禮部尚書謚文僖

萬曆祭酒

林士章

德斐福建漳浦縣人嘉靖己未進士第三人授翰林院編脩歷國子監司業隆慶五年十月陞六年三月任萬曆元年三月改北監

萬士和
元年四月任有傳
姚弘謨
繼文浙江秀水縣人嘉靖癸丑進士改翰林院庶吉士授編脩歷湖廣按察司督學副使陞叅政南京太常寺少卿萬曆元年十二月
改未任
佘有丁
丙仲萬曆二年七月任有傳
殷邁

時訓南京留守右衛人嘉靖辛丑進士歷任南京吏部文選司郎中陞江西左參議貴州提學副使致仕隆慶元年起用補浙江督學副使歷江西按察使南太僕寺卿致仕萬曆元年起用補南京太常寺卿二年陞南京禮部右侍郎五年以原官管本監祭酒事五月任

屠羲英

淳卿直隸寧國人嘉靖丙辰進士歷戶部主事員外郎中陞禮部郎中浙江四川督學副

使山西叅政太僕寺少卿鴻臚寺卿南京太
常寺少卿南京光禄寺卿萬曆五年陞南京
太常寺卿管本監事九月任

許國
萬曆六年二月陞六月任有傳

戴洵
汝誠浙江寧波府奉化縣人嘉靖乙丑進士
改翰林院庶吉士授編脩歷國子監司業左
春坊左中允右春坊右諭德掌南京翰林院
事萬曆八年二月陞任調外任以原官致仕

高啓愚

敏甫四川桐梁縣人嘉靖乙丑進士改翰林

院庶吉士授檢討歷編脩脩撰右春坊右中

允萬曆五年九月陞本年八月任改北監仕

至禮部左侍郎侍讀學士致仕

王弘誨

十一年三月任有傳

黄鳳翔

萬曆十二年三月陞任有傳

趙志皐

十四年六月任有傳

趙用賢

十五年二月任有傳

張一桂

籍履歷見司業於萬曆十七年八月以司業

陞九月任

鄧以讚

汝德十九年任有傳

余孟麟

二十年八月任有傳

陸可教

敬承浙江蘭谿縣人由進士改翰林院庶吉士授編脩歷陞侍讀學士萬曆二十一年陞任改北監南京禮部侍郎卒

馮夢禎

二十三年十一月任備載司業紀中

郭正域

二十六年八月内任有傳

劉曰寧

三十二年任有傳

林堯俞
咨伯福建莆田人萬曆己丑進士改庶吉士
授檢討右贊善諭德三十六年四月陞八月
到任
湯賓尹
嘉賓直隸宣城人萬曆乙未會試第一人進
士第二人萬曆三十八年由右春坊右庶子
陞未任
蔣孟育
道力福建龍溪縣籍同安縣人萬曆己丑進

士四十年由左諭德陞任

顧起元

太初應天府江寧縣籍直隸崑山縣人萬曆

戊戌會試第一人進士第二人四十三年七

月由右春坊右庶子陞任

周如盤

聖培福建莆田縣人萬曆戊戌進士四十六

年由右春坊右庶子陞任

孟時芳

斯盛山西平陽府蒲州人萬曆戊戌進士四

十七年七月由春坊右庶子陞任

黃儒炳

士明廣州府順德縣人萬曆甲辰進士改庶吉士授編脩歷陞右中允右諭德右庶子天啓二年正月陞八月到任三年九月陞南吏部侍郎

李思誠

自卿直隸興化縣人萬曆戊戌進士天啓五年三月由太常寺卿任本年五月陞詹事府協理府事禮部左侍郎兼翰林院侍讀學士

唐大章

伯和江西豐城縣人四年四月由左春坊左庶子任本年八月内陞詹事府正詹事兼翰林院侍讀學士

李孫宸

伯襄廣東香山人萬曆癸丑進士改庶吉士授編脩歷陞左春坊左庶子兼翰林院侍讀天啓五年五月陞任六月到任

嘉靖司業

郭維藩

价夫河南儀封人正德辛未進士改翰林院
庶吉士授檢討正德十六年十月陞任嘉靖
三年陞侍讀學士終太常寺少卿侍讀學士

江汝璧

茂穀廣信貴溪人正德辛巳進士改翰林院
庶吉士授編脩嘉靖七年陞任九年守制終
少詹事兼學士

張星

子陽廣西桂林中衛人正德丁丑進士歷任
檢討編修嘉靖九年陞任十年陞太常寺少

卿卒

歐陽德

十一年六月任有傳

李舜臣

夢虞青州樂安人嘉靖癸未會試第一人進
士第四人歷吏部主事員外郎郎中江西提
學僉事十五年二月改任十七年陞應天府
丞後至太僕寺卿致仕

李本

汝立紹興餘姚人嘉靖壬辰進士改翰林院

庶吉士授檢討嘉靖十七年陞任二十四年
改左春坊左中允掌南京翰林院事歷柱國
少保兼太子太傅禮部尚書大學士

呂懷

汝德江西永豐人嘉靖壬辰進士改翰林院
庶吉士歷兵科給事中工科給事中右春坊
左司直兼翰林院檢討嘉靖二十四年八月
陞任二十五年十二月改任右春坊右中允
署掌南京翰林院事

盧宗哲

濬卿德州左衛人嘉靖乙未進士改翰林院庶吉士授檢討嘉靖二十六年正月陞任三十年陞南京通政司參議終光祿寺卿

王　材

子難建昌新城人嘉靖辛丑進士改翰林院庶吉士授檢討嘉靖三十一年正月陞任三十四年調北司業

朱大韶

象玄直隸華亭人嘉靖丁未進士改翰林院庶吉士授檢討嘉靖三十四年三月陞任

林樹聲

三十六年二月任有傳

馬一龍

負圖應天溧水縣人嘉靖丁未進士改翰林

院庶吉士歷檢討嘉靖三十八年三月陞任

陳謹

德言福建閩縣人嘉靖癸丑進士第一人授

翰林院脩撰謫惠州府推官歷南京太僕寺

丞尚寶司丞嘉靖三十九年六月陞任

金達

德孚江西浮梁人嘉靖丙辰進士第三人授
翰林院編脩嘉靖四十三年六月陞任

隆慶司業

周怡
二年六月任有傳

王錫爵
元馭直隸太倉州人嘉靖壬戌進士第二人
授翰林院編脩隆慶三年陞任四年改北司
業

范應期

伯禎浙江烏程縣人嘉靖乙丑進士第一人
授翰林院脩撰調南京大理評事歷尚寶司
丞隆慶四年三月改任六年二月改北監
周子義
以方直隸無錫縣人嘉靖己丑進士改翰林
院庶吉士授編脩隆慶六年二月陞本年八
月任
萬曆司業
張位
明成江西新建縣人隆慶戊辰進士改翰林

院庶吉士授編脩歷脩撰侍讀萬曆五年十
二月陞六年三月任

劉瑊
玉儔直隸蘇州衛籍江西峽江縣人隆慶辛
未進士第二人授翰林院編脩萬曆八年三
月陞六月任

趙志臯
十年十一月任有傳

習孔教
時甫江西盧陵縣人隆慶戊辰進士改翰林

院庶吉士授檢討歷編脩脩撰萬曆五年以
考察降福建泉州府推官陞邵武府同知閒
住起湖廣德安府同知未任陞南京禮部精
膳司郎中萬曆十二年八月陞任右中允管
國子監司業仕至南京吏部侍郎
余孟麟
十四年六月任有傳
張一桂
稚圭河南祥符縣籍直隸歙縣人隆慶二年
進士改翰林院庶吉士授編脩歷脩撰侍講

右春坊右諭德兼侍講調南京兵部員外郎
萬曆十六年五月改八月任陞南祭酒仕至
禮部左侍郎兼侍讀學士

劉應秋
十七年十二月任有傳

馮夢禎
開之浙江秀水縣人萬曆丁丑進士改庶吉
士授翰林院編脩歷尚寶司丞二十年八月
改任本年十二月十六日任陞諭德掌南京
翰林院仕至國子監祭酒回籍

李道統

亦卿河南陳州衛人由進士改庶吉士授檢

討萬曆二十一年陞仕

黄汝良

明起福建晉江人萬曆丙戌進士改庶吉士

授編脩二十三年九月陞本年十二月任陞

左中允歷任禮部右侍郎南京禮部尚書

傅新德

明甫山西定襄縣人萬曆己丑進士改庶吉

士授檢討二十七年正月陞八月到任癸卯

陞右中允左諭德

朱國禎

文寧浙江烏程人萬曆己丑進士改庶吉士

授檢討甲辰陞任丙午陞右春坊右諭德

朱延禧

允修山東聊城縣人萬曆乙未進士改庶吉

士授檢討三十五年二月陞十一月到任丁

酉十二月陞右春坊右中允天啓元年陞本

監祭酒未任陞禮部侍郎

顧起元

太初應天江寧縣籍直隸崑山縣人萬曆三十八年七月由編修陞任

溫體仁

長卿浙江湖州府烏程縣人萬曆四十年八月由編脩陞任

汪　煇

德仲河南嵩縣籍直隸休寧縣人萬曆四十四年四月由編脩陞任

施鳳來

羽王浙江嘉興府平湖縣人萬曆丁未進士

四十六年由編脩陞任

汪元極

懋中湖廣黄岡縣人由萬曆甲辰進士翰林庶吉士授檢討降行人司司副陞兵部主事改北尚寶寺丞泰昌元年陞南京國子監司業十一月任

葉燦

以冲直隸安慶府桐城縣人由萬曆癸丑年進士改翰林院庶吉士四十五年授編脩天啓二年四月陞十一月任三年十一月陞左

春坊左諭德

林

實甫福建同安籍龍溪人萬曆丙辰進士籤

三人天啓四年十二月以翰林院編修陞任

五年十二月到任

南雍志卷之十一

職官表下

監丞正八品階初授廸功郎陞授修職郎

典簿從八品階初授廸功佐郎陞修職佐郎

博士助教俱從八品階初授廸功佐郎陞修職

佐郎

學正正九品階初授將仕郎陞授登仕郎

學錄典籍俱從九品階初授將仕郎陞授登仕

佐郎

監丞所司凡師生講習及各儀節或有怠違錢

糧出納或有虧弊皆得糾正堂批諸生朴責檄
鎖罰曠歷撥皆書之集愆冊備六堂簽筒及班
簿堂官巡風簿堂長巡風整班友長直號長巡
風糾儀各友伴門差各名次捕督諸生習禮公
矦伯至則於本廳畫卯每日堂上掣簽發廳照
班點名兩廂季考生員收卷立號簿同兩堂折
卷塡榜書責德行於獎善簿生員上序則自塡
小序單送廳該撥歷者依次具揭帖呈堂序撥
朔日釋菜分獻東哲每祭事派各禮生及儀注
揭示于繩愆廳門左各令節行慶同春秋丁祭

先期派各生員訪各衙門官寓祭畢照禁禧簿監督頒胙凡兩大堂到任先期開儀注呈覽各屬官到任先日引見兩大堂凡在監各項人役有犯及各閑外人入監入號混擾者俱憑糾治朔望日與博士一員俱到神厨所陪兩大堂掣籤點諸生

博士

博士二員據員分管六堂以五經教士諸生背書日堂上掣籤發本廳驗背則開具生熟及不到者呈南廂發落會講南廂裁敀該講官所講

章發廳付禮生謄正講畢再謄貼示諸生每月
課題擬呈南廂點下貼示諸生課完本堂閱畢
送廳分閱開具所擬等第及欠闕者呈南廂裁
定做書有潦草欠闕者亦同呈究朔日釋菜輪
一員分獻西哲監丞或闕則以一員署其事凡
考到生員閱卷呈堂

六堂

助正錄爲政分理其班每日至堂班生畫卯輪
當會講有呈講章故事課諸生詳加批品做書
圈改類送博廳轉呈南廂生員差撥曠假告給

廪餼衣糧等項呈詞先於本堂告知乃告兩廂有不可者本堂戒止凡六堂有缺官者西廳序派請管名曰僉堂每季正堂帖委一員管廟凡廟中一應器物交盤封固提督廟戶惟謹祭器圖于冊傳領之每季正堂帖委一員協管收支錢糧出納無大小與典簿俱同登簿季終繳帖請官更代其簿廳錢糧二季正堂帖委官二員查筭具冊回報

典簿

典簿爲太學首領有印職掌具在監規一應文

移爲吏禮部題復本監奏議及生員入監劄付
本監其各部衙門俱司屬手本行廳呈堂本監
爲各官考滿及丁憂生員就教撥正歷堂呈吏
部生員改監改名堂呈禮部註銷錢糧歲報清
冊堂移吏部二科其關支祭品廩餼錢糧俸薪
直堂膳夫匠役銀兩紙劄徒役修理廟學及各
器用優卹師生起送辦滿官吏等事俱奉堂案
令廳具手本稟堂驗行各衙門司屬官吏俸銀
折布折絹銀本廳依期造冊送戶部陝西司支
領各官柴薪直堂皂隸本廳按季具手本送兵

部武庫司支領各官陞遷等事去任柴薪逐時
註簿存積待兵部查取具手本開送
廟祠朔望香燭兩廂五廳六堂各簿籍紙筆硃墨
茶炭季考供給發案優賞祭祀賓客及修葺之
事皆本廳理其費春秋丁祭具手本行工部修
理廟學及祭器太常寺具祭品香帛及各供事
官名兵馬司取撥人夫打掃凡齋宿則具官吏
師生手本待點齋御史到當該看投凡本色糧
米運到先具小木桶內貯樣米半升看驗呈堂
封候將米開晒篩揚對原樣收倉註簿收完本

廳填給通關赴東廂對號用印鈐記赴原解比銷凡各處解到俸膳肉魚各項銀兩俱會同協管照數秤收本廳填給印信實收赴東廂印記發原解回銷每月支過俸米月糧等項造入循環以備查盤凡銀俱寄貯上元縣庫藏新用舊其倉鑰皆貯東廂如有支放本廳具手本請領事畢以鑰同收支冊呈還東廂庫鑰亦然自掌餼裁其事歸併簿廳

典籍

典籍掌書籍經史子雜以類分櫝而謹藏之刻

板者貯於庫呈代交盤各書及各板一一檢驗
夏日督役匠晒曝印刷各書嚴防匠役不許損
失諸生入監印監規等書及監中官到任所印
送書皆有定例按
國家典籍官惟文淵閣一員及兩太學各一員秩雖
卑而任則重所謂文學掌故者也近南雍以其
事簡使理號舍園塲事

嘉靖監丞

侯　汾

元年任

林 琨

宜珍莆田人舉人三年任五年陞長史

蔡宗兗

希淵山陰人進士教授六年陞任歷陞南京吏部主事四川提學僉事

趙榮顯

士享南京右軍官籍舉人八年任

劉 紀

世立臨桂人舉人十三年任陞寧波府同知

沈伯箴

十八年以刑科給事中降任

沈瀚

守約吳江人進士改庶吉士授給事中陳言落職十九年陞任二十年陞南京兵部主事

奚良輔

上海人進士改庶吉士授給事中降職二十年陞任二十二年陞南京刑部主事

趙恒

志貞二十二年任有傳

吳嶽

武進人進士二十六年任陞泉州通判

胡　䊵

叔明沅州人舉人二十七年任三十三年陞

戶部主事

葉庭萃

允升閩縣人舉人三十三年任陞南京工部

主事

劉時宜

以誠四川瀘州人舉人四十一年任

隆慶監丞

梁栴

朝採廣東廣州府南海縣人舉人隆慶二年

九月初一日以助教陞任萬曆元年七月陞

南京户部山西司主事

萬曆監丞

沈奎燦

子文貴州貴陽府籍直隷吳縣人舉人萬曆

元年九月二十六日以助教陞任

劉伯潮

啓信江西安福人舉人萬曆五年五月以助

教陞二十一日到任

張文運

道亨四川保寧千戶所籍閬中縣人舉人萬

曆八年任九年陞湖廣岳州府同知

陶紳

上卿四川宜賓人舉人萬曆九年由助教陞

任本年陞南京戶部主事

蔣遵烈

叔武廣西全州人舉人萬曆九年由助教陞

任十年陞南京戶部主事

惕秉鉞
德咸萬曆十一年任詳見博士下十五年陞
大理寺評事
李　衡
仲岳江西吉水縣人舉人萬曆十九年任二
十一年改河南布政司照磨
常文烇
叔明浙江秀水縣人舉人萬曆十九年任陞
南大理寺評事
管象章

子美江西安福縣人舉人萬曆二十一年六月以典籍陞任陞大理寺評事

詹仰聖

道開湖廣麻城縣人舉人萬曆二十一年十二月以本監助教任二十三年陞南大理寺評事

李之皞

克醇由本監博士陞任二十五年三月陞南京户部河南司主事

陳一道

汝性萬暦二十五年由本監學正陞四月任

熊夢祺

吉卿萬暦二十七年由本監博士陞四月任

曾壽貴

艮甫萬暦二十七年十月由本監博士陞任

湯之相

惟尹萬暦二十九年三月由本監助教陞任

陞南京刑部河南司主事

陳　焆

翊國萬暦二十九年九月由本監博士陞任

郭堯濂
潛之萬曆三十一年三月由本監博士陞任
三十二年陞南刑部主事
武紹祖
克光萬曆三十二年閏九月由本監博士陞
任三十四年陞南刑部主事
楊爲棟
伯隆四川綦江縣人由進士萬曆三十四年
十月任
羅良策

惇翰廣東順德縣人由舉人萬曆三十六年
六月任三十八年陞南刑部主事
高如斗
文甫湖廣藍山縣人舉人萬曆三十八年三
月由本監博士陞任
林世都
本監博士陞任三十九年陞南刑部主事
黃居中
明立萬曆四十年四月由本監助教陞任四
十四年六月改黃平州知州辭疾未任

馬燧

文甫萬曆四十四年四月由本監學正陞任

陳國是

世真福建閩縣人由舉人由博士陞四十五

年九月二十三日到任

汪之浹

昆穎萬曆四十八年由監丞陞南京戶部山

西司主事

惠承芳

德紹陝西清澗縣人舉人泰昌元年七月陞

任天啓元年三月陞南京戶部廣東司主事

辛以忠

■宁雲南永昌籍直隷鳳陽人舉人天啓元

■三月銯本監博士陞任二年二月陞南京

刑部山西司主事

用鍼華

見實河南祥符縣人舉人天啓二年十二月

銯北監助教陞任三年九月陞南京刑部浙

江司主事

葛綱

鑄金南直蕪湖縣人舉人天啓三年十一月
錄北監學正陞任四年三月丁憂

吳汝第

荃露南直常熟縣人舉人天啓四年九月錄
北監助教陞任五年十一月卒于任

嘉靖博士

林現

元年任見監丞

楊中

致行無錫人舉人陞饒州通判四年任

汪山

仁伯仁和人進士陞刑部主事四年任

程煌

子明婺源人進士陞南京戸部主事歴陞禮

部員外四年任

侯漢臣
君佐平定州人舉人九年任
何文翰
汝輝南海人舉人九年任
林鏁
德良侯官人舉人陞台州通判十一年任
林廷袠
寅瞻懷安人舉人陞刑部主事十一年任
張世宜
伯時懷安人舉人十四年任

王　製
作之饒平人舉人十五年任二十二年陞福
州通判
唐　臣
堯佐柳州人舉人十七年任
顧文隆
質夫華亭人進士十八年任二十二年陞南
京刑部主事
宋天民
若伊莆田人進士十九年任

周　瑞

循典莆田人進士二十年任

楊應鸞

兆卿宛平籍平湖人舉人二十三年任

歐陽瑜

汝重安福人舉人二十三年任陞南京大理

寺評事

史褒善

文直開州人進士御史二十四年謫任陞吏

部主事

吴聰
世振臨川人進士知縣謫陞二十五年陞彰
德通判
郭維藩
子价揭揚人進士乞恩除府學教授二十七
年任陞南京户部主事
周京
民仰莆田人舉人二十八年任後改北陞南
京廣西道御史
吴雲臺

文相莆田人舉人二十八年任

章 熙

堯載海陽人進士三十年任三十二年陞南

京戶部主事

劉 熠

元麗海鹽縣人嘉靖三十三年任陞南京雲

南道御史

陳 遷

于喬南海縣人舉人嘉靖三十三年任

馮 元

大本番禺人辛丑進士嘉靖三十三年任

陳治安

超諡貴州宣慰司籍直隸崑山人嘉靖三十

五年任進陞南刑部主事

林騰霄

公升福建閩縣人舉人嘉靖三十六年任三

十九年陞楊州府通判

狄從周

直隸崑山人舉人嘉靖三十六年任

梁典

廣東順德人舉人嘉靖三十九年以廣西上林教諭陞任四十年七月陞南康府通判

李居易

雲南崑明人舉人嘉靖四十年任

俞一木

近仁直隸休寧人舉人嘉靖四十一年任陞台州府同知

劉樸

子獻直隸長洲人舉人嘉靖四十一年任陞建昌府同知

王諷

四十年陞大理寺評事

黃尚質

宗商南京水軍左衛人舉人嘉靖四十五年

任

隆慶博士

文彭

直隸長洲縣人歲貢隆慶二年任有傳

秦灝

汲儒湖廣荊州府江陵縣人歲貢隆慶三年

三月二十二日任

陳希美

克嘉直隸寧國府宣城人舉人隆慶四年六

月十日任

萬曆博士

李暘春

時化浙江杭州府餘杭縣人戊辰進士萬曆

元年八月十一日任

蕭雲鵲

志邁福建泉州府晉江縣人舉人萬曆二年

六月二十六日任七年改北監
梁紹震
元東廣東順德縣人舉人萬曆四年十二月
初二日任
黄嵘
原靜湖廣麻城人舉人萬曆四年十二月十
二日任
楊秉鉞
德威貴州貴陽府籍應天溧水縣人舉人萬
曆九年四月二十五日陞任

葉世治
曼公浙江寧波府慈谿縣人繇丁卯舉人萬
曆九年八月二十日任
臧懋循
晉叔浙江長興縣人進士萬曆十一年任
胡旦
穉明浙江餘姚縣人進士萬曆十四年任陞
南京大理寺評事
張廷相
以忠江西金谿縣人進士萬曆十四年任陞

刑部主事
唐應龍
叔乾四川嘉定州人舉人萬曆十五年任
董廷欽
仲恭福建閩縣人舉人萬曆十七年任
趙學仕
子信浙江蘭谿人進士萬曆十九年任陞南
京工部主事
高應烇
蔚中浙江嘉興人舉人萬曆十九年繇學錄

陞任二十一年陞湖廣常德府同知
曾光魯
于魯福建莆田人進士萬曆二十年任二十
二年補南戶部主事
顧允成
二十年以河間府教授陞任
林國光
廷錫福建閩縣人舉人萬曆三十一年任
趙世典
福建晉江縣人進士萬曆三十三年六月任

九月陞荆府左長史
李之皞
克醇湖廣潛江縣人進士萬曆二十三月三
月推未任尋陞本監監丞
黃全初
性甫直隸歙縣人進士萬曆二十三年十
月任
劉大倫
直隸太倉州人萬曆二十四年四月任
熊夢祺

吉卿貴州鎮遠縣籍江西南昌縣人萬曆二
十五年十二月任

曾壽貴
良甫湖廣龍陽縣人戊子舉人萬曆二十六
年八月十三日任陞本監監丞

潘日新
中盛廣西梧州府容縣人舉人萬曆二十七
年五月二十日任二十九年陞廣東潮州府
同知

陳熖

翊國福建建寧府甌寧縣人舉人萬曆二十
八年四月初三日任陞本監監丞
李維極
本建湖廣景陵籍江西吉水縣人監本監學
錄萬曆二十九年三月
董應舉
崇相福建閩縣人錄進士萬曆三十年二月
二十二日任陞户部主事遷吏部
郭堯濂
潛之浙江蘭谿人本監學錄萬曆三十年四

月初六日任三十一年三月陞本監監丞

武紹祖

克光陝西涇陽縣人舉人萬曆三十一年五

月十六日任陞本監監丞

林世都

天　福建閩縣人舉人萬曆三十二年十二

月任陞本監監丞三十九年陞南刑部主事

李泰亨

輿中江西豐城縣人舉人萬曆三十四年七

月任

楊爲棟

三十五年陞南刑部主事

高如斗

文甫湖廣鎮遠衛人舉人萬曆三十六年正

月任三十八年陞本監監丞

李廷棟

信卿江西吉水縣人舉人萬曆三十六年七

月任三十九年陞南大理寺評事

蕭象烈

承甫江西廬陵縣人進士萬曆三十八年四

月任四十年陞南刑部主事

陳臣忠

心謙福建莆田人繇進士萬曆四十一年二

月任陞南京户部江西司主事

楊嗣昌

文弱湖廣武陵縣人進士萬曆四十三年三

月任

萬邦樂

性餘雲南保山縣人舉人萬曆四十三年任

陳國是

世眞福建閩縣人舉人萬曆四十四年六月十五日任

周應泰

鹿苹四川敘州府富順縣人舉人萬曆四十四年十二月十八日任四十六年四月陞陝西西安府乾州知州

辛以忠

藎苧雲南永昌籍直隸鳳陽人舉人萬曆四十八年二月任天啓元年三月陞本監監丞

詹向善

明臺浙江常山縣人進士萬曆四十六年四月任陞大理寺評事

馬鳴霆

具嚴浙江平湖人進士萬曆四十六年六月任陞刑部主事

王汝受

範我浙江山陰縣人舉人天啓二年二月任三月四月陞南刑部山東司主事

姜一洪

開初浙江餘姚縣人進士天啓二年六月任

三年四月陞南禮部儀制司主事

任大治

九簫浙江寧海縣人進士天啓三年七月任

四年三月陞南廣東司主事

楊先芳

二灦四川射洪縣人舉人天啓三年十月任

四年六月陞大理寺司務

林　鐘

旡吟福建晉江縣人舉人天啓四年七月任

五年八月陞大理寺評事

王忠陛

莪岡浙江山陰縣人進士天啓五年七月任

許九皐

雲鶴北直隸真定府新河人舉人天啓六年十二

月任

六堂
嘉靖助教
楊永慰
士元蘄水人舉人元年任
吴棠
民愛無錫人陞知州舉人元年任
麥孟陽
汝復高要人終知府舉人二年任
李翔
如鳳番禺人終知府舉人二年任

陳瑞
履祥江浦人舉人北監三年改任陞保定府
通判
鄭三德
日宣仙遊人舉人三年任陞永昌府通判
陳奇
士特晉江人舉人四年任陞河間府通判
程嘉行
公敏樂平人進士四年任陞南工部主事
計堯

宗道浮梁人舉人六年陞青州府通判

劉世龍

允卿慈谿人進士太倉知州六年改任十二

年陞南兵部主事以諫落職

林鳳鳴

周祥海康人舉人七年任陞南寧府通判

謝宗孔

魯卿高要人舉人八年任

聶　曼

子貞金谿人舉人八年任

王　崑
玉卿慶遠衛人舉人八年任
羅士實
克美柳州人舉人十年任陞肇慶府通判
黄希韶
如韶莆田人舉人十一年任陞常州府通判
鄭慶辰
世拱潮陽人舉人二十年任陞漳州府通判
徐　灌
汝澤懷安人舉人二十年任陞金華府通判

胡恪
子敬臨桂人舉人二十年任
汪珵
廷玉婺源人監生十三年任
張京安
常熟人進士十四年任陞刑部主事
方宗重
任之莆田人陞湖州府通判
諸傑
子興上海人進士歷尚寶司丞

孫良輔

治卿洛陽人舉人十七年任陞長史

劉應春

仁甫臨安人陞夔州府通判十七年任

吳　選

虞揚莆田人舉人十八年任

楊文澤

德夫鄞縣人舉人十九年任

李　山

鎮卿南海人十七年任陞南昌府通判

宋天民
二十年改任見博士
梅鶩
鳴岐旌德人舉人二十二年任陞常州通判
彭士竒
才卿番禺人舉人二十二年任陞廣信同知
翁繼榮
汝厚閩縣人舉人二十三年任陞柳州通判
張偉
子威貴溪人舉人二十三年任陞福建通判

程轗
子建蘄水人二十四年任

唐鸞
瑞卿丹徒人選貢教授二十四年任陞岳州

通判

潘靜深
時見貴州籍嘉興人舉人二十六年任

王宗聖
汝學義烏人進士二十七年任陞南京工部

主事

金銑
子良新建人進士二十九年任陞南京刑部
主事
鄭鑰
道啓閩縣人舉人二十九年任三十三年陞
四川道御史
徐鵠
鳴川海盬人進士二十九年任陞南京工部
主事
寇韋

緩之鄖陽人

蔡潤宗

克昌晉江縣人舉人三十年任

彭　輅

子殷嘉興縣人進士三十二年任

黄學準

本平南海人舉人三十二年任

李士元

任南洛陽縣人舉人三十三年任

吴　廣

廣東南海籍福建莆田人舉人三十四年任

尹尚賢

廣西桂林衛籍直隸合肥人舉人三十五年任又云四十一年以汀州府同知陞任兩存之以闕疑

鄧元玉

福建閩縣人舉人三十五年任

鄺夢琰

均房廣東南海人舉人三十六年任

蔣朝用

學夫貴州鎮遠衛籍四川内江人舉人三十六年任三十九年陞江西瑞州府通判

張奎山

汝聚江西安福人舉人三十六年任三十九年陞揚州府通判

唐德瑞

汝賢廣西全州人舉人四十一年任陞惠州府同知

童天祕

錫卿湖廣江陵縣籍浙江蘭谿縣人舉人四

十一年任陞南京大理寺評事

張四維

汝治四川劍州人舉人四十一年任陞南通

州知州

陳紀

士振福建莆田人舉人四十四年任

畢天能

時性江西彭澤人舉人四十五年任隆慶三

年陞南左評事

梁橏

朝採廣東南海人舉人四十五年任

隆慶助教

江泮

如璧福建建寧府建安縣人貢士隆慶三年

以浙江吉安州學正陞任

朱鉌

以震

鄭如瑾

直隸溧水縣人舉人

張步雲

子龍湖廣黃州府蘄州人舉人隆慶四年十
二月初四日任萬曆二年七月十八日陞南
戶部河南司主事
楊叔京
舜卿四川重慶府忠州酆都縣人舉人隆慶
四年十二月二十九日任萬曆二年十一月
初十日陞福建延平府同知
沈奎燦
子文貴州貴陽府籍直隸吳縣人舉人隆慶
四年十二月三十日任萬曆元年九月二十

六日陞監丞

楊　浚

伯深四川順慶府南充縣人舉人隆慶五年

二月初六日任萬曆二年十一月初十日陞

雲南臨安府同知

萬曆助教

方　瑗

惟和四川夔州府奉節縣人舉人萬曆二年

二月二十日任

張鳳翼

來儀直隸萬全都司人山西太原府籍舉人

二年十一月初十日任

傅國璧

子穀江西撫州府臨川縣人舉人二年十一

月十六日任三年五月二十二日陞雲南大

理府通判

劉宗皡

江西吉安府萬安縣人舉人二年十二月十

八日任三年五月二十八日陞雲南府通判

劉伯潮

啓信江西安福人舉人四年七月十三日任
五年三月二十三日陞本監監丞

張文運
遺亭四川保寧千戶所籍閬中縣人舉人四
年八月初一日任

陶紳
上卿四川宜賓縣人舉人五年二月二十五
日任

蔣遵烈
叔武廣西桂林府全州人舉人五年六月二

十八日任

周汝礪

若金直隸蘇州府崑山縣人萬曆丁丑進士

八年閏四月十八日任陞禮部儀制司主事

莊文龍

德明直隸鎮江府金壇縣人萬曆癸酉舉人

八年任陞湖廣茶陵州知州

周士楷

公序福建閩縣人舉人十年任陞四川達州

知州

黃應春
仁甫福建南平縣人貢士十年任
嚴而泰
以敬江西饒州府鄱陽縣人萬曆癸酉舉人
十二年二月二十日任十四年三月二十三
日陞直隸潁州知州
尹禮繼
世敬浙江仙遊縣人舉人十二年任陞福建
漳州府通判
蕭萬

子壽四川内江縣人舉人十二年任陞雲南
嵩明州通判
張㫷
進南浙江秀水縣籍海鹽縣人舉人十四年
任陞安慶府通判
陳善行
子德廣西馬平縣人舉人十四年任十七年
陞汀州府同知
林𤇍章
元淋福建莆田人舉人十四年任陞永平府

同知

趙垍

崇之江西南昌縣人舉人十四年任

張汝翼

若雲浙江仁和縣籍餘姚縣人舉人十七年
任

劉艮春

道亨福建晉江縣人舉人十七年任

李正芳

春融雲南三泊縣人舉人十八年任二十年

陞南直通州知州

涂文煥

章南江西奉新縣人進士十八年任陞南京

禮部主事

張鳳翼

冲霄陜西長安縣人舉人二十年任二十二

年九月陞直隸真定府深州知州

何詩

二南湖廣江陵縣人舉人二十年任

張應慶

善餘四川内江縣人舉人二十年任

陶唐臣

俞卿江西南昌縣人舉人二十一年任

張驥

惟德江西浮梁縣人舉人二十三年十月任

朱星耀

應春江西貴溪縣人進士二十三年十二月

任

舒應鳳

時儀廣西全州人舉人二十四年四月任

鄭夢禎
開府福建福清縣人舉人二十四年六月任
任祿
學甫陝西南鄭縣人舉人二十五年六月任
王許
汝可陝西盩厔縣人舉人二十六年七月任
徐仕登
德茂江西豐城人舉人二十六年八月任二
十八年三月陞廣平府同知
湯之相

惟尹湖廣廣濟縣人舉人二十六年八月任
二十九年三月陞本監監丞

孫敘政

以道湖廣武昌府興國州人舉人二十七年
五月任二十九年陞四川重慶府同知

秦曰濬

嚴甫萬曆二十七年繇本監典簿陞十月任
二十九年三月陞四川成都府簡州知州

李正芬

伯升四川保寧府人舉人二十九年五月任

三十年九月陞湖廣長沙府同知

錢通

文太直隸元城縣人舉人二十九年六月任

三十年九月陞山西大同府朔州知州

成正位

禮也湖廣興國州人舉人二十九年六月任

三十年九月陞四川順慶府同知

潘重行

敏南直隸長洲縣人舉人二十九年七月任

三十年九月陞直隸保定府安州知州

江時中
和甫直隸池州府青陽縣人舉人三十年十
二月十五日任
查　標
來用河南固始縣人舉人三十年十二月二
十四日任三十二年三月陞山東濟南府濱
州知州
羅良策
惇翰廣東順德縣人舉人三十一年四月初
八日任

姚光胄
世昌直隸長洲縣人舉人三十一年七月初
一日任
莊毓慶
徵甫福建惠安縣人進士三十二年八月任
陞户部主事
陳勲
元凱三十三年四月陞任有傳
沈應奎
伯和直隸常州府武進縣人舉人三十四年

正月任陞河南裕州知州

周士龍

幼潛直隸常州府武進縣人進士三十四年

七月任陞戶部主事

任元忠

伯方浙江仁和縣籍直隸青浦縣人舉人三

十四年七月任陞江西南康府同知

劉中行

道林江西廬陵縣人舉人三十四年八月任

陞同知

王道光
　惕之陜西涇陽縣人舉人三十四年九月任
陞同知
張拱極
　養元直隸鎮江府丹徒縣人舉人三十五年
六月任陞四川成都府同知
柯廷芳
　肖芳廣東順德縣人舉人三十六年四月任
三十八年三月陞湖廣岳州府同知
陳所立

以卓福建長樂縣人舉人三十六年五月任
三十八年三月陞直隸淮安府同知
甘正願
汝觀江西奉新縣人舉人三十六年八月任
三十八年三月陞湖廣荆門州知州
莊則孝
虞卿浙江嘉善縣人進士三十六年十一月
任三十九年正月陞南京工部主事
王養俊
損之直隸廣德州人進士三十八年六月任

四十年陞南京戶部主事
黄居中
明立福建晉江縣人舉人三十八年八月任
史宣政
正南直應天府溧陽縣人舉人三十九年六月
任
朱一統
興仲湖廣羅田縣籍黄岡縣人舉人三十九
年八月任
馮時俊

四十一年陞南户部屯田主事

張垣

四十三年陞南户部主事

許令典

四十三年陞南刑部主事

徐之初

存孩湖廣武陵縣人舉人四十四年三月二

十日任

孟紹康

克安河南開封府杞縣人進士四十四年正

月初八日任四十四年陞南戶部主事

施壽明

四十五年陞南刑部主事

吳廷雲

四十六年陞南戶部主事

楊時隆

周楨四川順慶府南充縣人舉人四十七年

三月任四十八年八月陞陝西寧州知州

王艮臣

忠亮直隷常熟縣籍江陰縣人進士四十七

年四月二十一日任泰昌元年陞刑部主事

惪承芳

德紒陜西延安府清澗縣人舉人四十八年

四月初三日任本年七月十七日陞本監監

丞

王繼美

元玉南直通州籍興化縣人進士四十七年

七月任泰昌元年陞北刑部主事

倪楚王

文鱗福建福清縣人進士泰昌元年十月任

黄翼登
學衡福建南安縣籍晉江縣人舉人泰昌元
年十一月任天啓元年十月陞廣東德慶州
知州
申紹芳
清門直隸蘇州府吳縣人進士天啓元年四
月任二年八月陞南京禮部祠祭司主事
吳 極
十華湖廣漢陽縣人進士天啓元年六月任
二年十月陞南京戸部江西司主事

朱懷吳

瞻明浙江杭州府錢塘縣人舉人天啓元年

十一月任二年九月陞福建邵武府同知

趙文相

霖蒼雲南鶴慶府籍直隸鳳陽縣人舉天啓

二年二月任三年九月陞湖廣辰州府同知

謝日升

九如廣西全州人舉人天啓三年四月任四

年三月陞福建福州府同知

曾士鶴

青城南直歙縣人舉人天啓三年八月任四
年二月陞南京兵部司務

楊　清
澹孺湖廣應山縣人歲貢天啓三年十月繇
本監典簿陞任四年三月陞浙江金華府同
知

曹可明
芊薛南直句容縣人進士天啓四年六月任
五年八月陞南京戶部貴州司主事

陶榮齡

柟林浙江會稽縣人舉人天啓四年六月任
五年三月陞南直和州知州
盛幼清
北溟南直常州府武進縣人舉人元啓四年
七月任五五年九月陞福建漳州府同知
陳起淳
玄盧浙江長興縣人舉人天啓四年十二月
任
陳啓祚
寰長福建晉州縣人舉人天啓五年七月任

朱葵
向之雲南安寧州人舉人天啓五年十一月
任
傅國餃
葵菴福建晉江縣籍南安縣人舉人天啓五
年十二月任

六堂

嘉靖學正

范　儒

宗道德陽人舉人元年任

劉　奇

啓秉南昌人舉人二年任

喻　淮

東之滕縣人舉人二年任

楊　富

大有大理人舉人二年任陞瓊州通判

李守正
一之禹城人舉人三年任陞涼州通判

黄艮鞴
巖夫同安人舉人六年任

鄒賽
至道南海人舉人十年任

徐逵
九逵金谿人舉人九年任

沈雲
子龍上海人舉人十年任陞處州通判

林國輔
思貞莆田人舉人十年任陞敘州通判
吳旻
子仁江夏人舉人十一年任
辛紹佐
任之順德人舉人十二年任陞嘉興府通判
湯訓
文式桃源人舉人十二年任陞順慶通判
趙士讓
舜夫閩縣人舉人十二年任

蔣廷璧

文光普安人舉人十四年任陞沅江通判

喬嵩

望之曲靖人舉人十四年任陞保寧通判

李山

見助教十八年改任

方正梁

兆之莆田人舉人十九年任陞長史

劉賢

汝希寧都人舉人十九年任

吳宗周
秉文貴溪人選貢教諭二十年任
李應和
瓊山人舉人二十二年任
李惟考
宗舜鄞縣人舉人二十四年任陞廬州通判
馮暘
賓之桂林人舉人二十四年任陞潮州通判
張欽
克敬石州人舉人推官謫陞二十五年任

任之賢

進卿臨安衛人舉人二十六年任陞戶部主事

陳是

師蘧臨桂人舉人二十六年任陞辰州通判

陳露

道章晉江人舉人二十七年任陞肇慶同知

劉自省

希曾莆田人舉人二十八年任

聞實

子虛永寧衛人舉人二十九年任
林洪
禹範閩縣人舉人三十年任
陳韞
道修龍溪人舉人三十一年任
莫如德
惟一　　縣人舉人三十二年任
龍慶雲
際卿湖廣茶陵州人舉人三十四年任
黃倠

獻民福建莆田人舉人三十六年任三十九
年陞廣東惠州府通判

向贇
序伯貴州前衛籍應天上元人舉人三十九
年任又云以辰州府通判陞任

沈東
元震直隸華亭人貢士三十六年任

胡夢桂
應芳廣西護衛籍直隸興化人舉人三十六
任三十九年陞袁州府通判

楊思震
廉卿湖廣寧鄉人選貢三十七年任
林啓昌
福建莆田人舉人[redacted]年任
林有臺
福建閩縣人舉人四十二年任陞南京吏部
司務
李載贄 卽卓吾和尚
鄭文昇
世覲福建莆田人舉人四十年任陞南京工

部司務

張遂

用夏湖廣漢川人舉人[redacted]年任陞南京

吏部司務

張煒

德南福建閩縣人舉人[redacted]年任陞南京

大理寺司務

周鳳鳴

于岐浙江松陽人貢士四十三年任

錢文昇

子麗浙江山陰人舉人四十三年任陞大理
寺司務
楊雲鵾
起霄雲南太和人舉人四十三年任陞南京
戶部司務
吳從周
宗文福建邵武人四十四年任
唐之燦
道宣廣東南海人舉人四十四年任
隆慶學正

田九垓
君舉四川合州人舉人元年任陞南都察院
司務
王汝
二年以撫州府教授陞任
錙鏞
攻玉江西南昌人乙卯舉人二年任四年改
廣南府教授
桑邦初
汝滋貴州永寧衛籍順天昌平州人舉人二

年任陞大理寺司務

林憲

從周福建龍溪人貢士三年任

崔守義

正夫山東莘縣人歲貢三年二月二十二日

以廣平府教授陞任

鐵世材

用卿雲南永昌衞籍浙江杭州人舉人四年

十二月任後改北監

陳一夔

四年陞南工部司務

唐如禮

敬夫浙江蘭谿人舉人五年正月任萬曆元

年陞湖廣興國州知州

萬曆學正

阮宗孔

惟一湖廣麻城人舉人元年二月任四年正

月陞南都察院司務

楊德全

弘甫雲南晉寧州人舉人二年六月任四年

陞工部司務

廖守俊

希英廣西全州人舉人二年七月任五年陞

大理寺司務

張　翼

應龍廣東番禺人舉人二年十二月任

陳懋昭

建中江西泰和人舉人四年十二月任

王　濤

元甫江西吉水人舉人五年十二月任

蔣　洽
中悅浙江錢塘人舉人五年六月任
張　作
明德江西新建人壬子舉人八年七月任陞
南京大理寺司務
蘇民懷
子仁廣東南海人舉人八年七月任陞南京
大理寺司務
袁惟慶
有章雲南永昌衞籍舉人九年三月任十二

年陞刑部司務

彭師古

永卿湖廣公安人舉人九年任陞南京兵部

司務

徐應箕

南夫浙江山陰人舉人十一年任陞南京禮

部司務

葉應山

士詹浙江慈谿人舉人十二年任陞南京刑

部司務

李雲瀧
元龍浙江烏程人舉人十二年任陞刑部司
務
陳欒
九成福建閩縣人舉人十三年任
黃應奎
文瑞浙江錢塘人舉人十四年任十六年十
月陞禮部司務
張錫
恒中福建同安人舉人十四年任陞南京戶

部司務

蔡如川

十五年任陞都察院司務

陳王道

思孟福建莆田人舉人十四年任

宋述祖

汝化四川漢州人舉人十五年任

金待取

席珍貴州前衛籍南直華亭人舉人十七年任十九年陞南大理寺司務

李成林

厚玄四川瀘州人舉人十九年任陞南京刑

部司務

黄國賢

士尊福建晉江人舉人十九年任陞南京工

部司務

馬之龍

孟化直隸金山衛籍華亭人舉人十九年任

蔡與芳

浙江海寧人舉人二十年任

戴尚志
求之浙江蕭山人舉人二十一年任二十二
年陞南都察院司務
徐昌會
際卿廣西臨桂人舉人二十一年任
鄭俶
叔達福建莆田人舉人二十一年任
夏思
睿甫直隷廣德州人舉人二十一年任二十
三年陞禮部司務

曾士科

進之四川瀘州人舉人二十三年七月任

陳一道

汝性直隸崇明人舉人二十三年七月任二

十五年三月陞本監監丞

胡淑

抱冲江西吉水人舉人二十四年三月任

譚師孔

所願廣東順德人舉人二十四年五月任

葉文熹

宗晦江西浮梁人舉人二十五年六月任二
十六年九月陞南京大理寺司務

張執
叔允陝西富平人舉人二十五年七月任陞
徐州知州

鄺堯齡
若欽廣東南海人舉人二十六年七月任陞
裕州知州

瞿成名
御夫湖廣黄岡人舉人二十六年八月任陞

夔州府同知

唐東旦

寅旭江西撫州府金谿縣人繇舉人二十七年二月任

孫光前

思孝雲南昆明縣人繇舉人二十七年十月任二十九年九月陞湖廣辰州府沅州知州

顧懋宏

靖前湖廣蘄州籍直隸崑山縣人繇舉人二十七年十二月任二十九年九月陞山東青

州府莒州知州

余養蒙

平叔浙江臨海縣人舉人二十八年十二月任三十年三月陞南京都察院司務

唐詩

鳴盛山東萊州衛籍湖廣漢川縣人舉人二十八年十二月任三十年三月陞河南陝州知州

張履正

我先直隸常州府江陰縣籍無錫縣人進

士二十九年十一月初一日任三十二年三
月陞南京大理寺評事
孫森
世茂浙江慈谿縣人舉人二十九年十二
月任三十一年三月陞廣東韶州府同知
沈珖
季玉直隸吳江縣人進士三十年六月初
五日任陞南京刑部主事
熊應祥
德甫四川内江縣人舉人三十年六月初

九日任三十一年九月陞陝西涇州知州

董　管

雲和四川温江縣人鄉舉人三十六年六月

二十六日任

李　諫

格卿直隸青浦縣人鄉舉人三十一年十二

月初十日任陞南京工部司務

陳禹謨

錫玄直隸常熟縣人鄉舉人三十二年十一

月任陞兵部司務

張所志

七月致仕

支如璋

石也直隸崑山縣人繇舉人三十三年十二

月任陞[redacted]知州

劉珩

溫伯四川蒼溪縣人繇舉人三十四年二月

任陞[redacted]同知

張呈象

符六貴州新貴縣人繇舉人三十四年十二

月任陞　知州

甘惟孝

子順四川資陽縣人監舉人三十四年　月

任陞和州知州

郭喬登

必得福建同安縣人監舉人三十五年二月

任陞高州府通判

王廷貴

顯之直隸吳縣人監舉人三十五年閏六月

任陞杭州府同知

黄華瑞

居腨福建南安縣人繇舉人三十六年四月

任

孫懋昭

明陽浙江烏程縣人繇舉人三十六年八月

任三十八年　月陞南京工部司務

王繼文

予在江西安福縣人繇舉人三十七年三月

任三十八年七月陞南京刑部司務

項際明

晉甫直隸徽州府歙縣人繇舉人三十七年
七月任三十八年十二月陞南京大理寺司
務

陳舜道
直隸蘇州府嘉定縣人繇進士授應天府教
授三十七年十二月任

何節
次達四川成都府漢州人繇進士三十八年
十月任三十九年陞南京工部主事

張師繹

克儁直隸常州府武進縣人繇進士三十八年十一月任四十年陞南京刑部主事

羅大冠

玄父浙江仁和縣人繇舉人三十九年正月任四十年陞南京禮部司務

胡文熺

秉錦福建漳浦縣人繇舉人三十九年七月任

鄒衡

汝韜湖廣麻城人繇舉人四十年三月任四

十二年四月陞南京大理寺右評事

秦繼宗

西汀湖廣黄岡縣人跡進士四十二年陞南

京刑部主事

曾應驄

瑞憲福建莆田縣人跡舉人四十年十一月

任四十二年四月陞山東兗州府同知

張維禎

兆父湖廣江夏縣籍江西餘干縣人跡舉人

四十年十二月任四十三年六月陞南京刑

部司務

劉徹祚

國元廣西南寧府横州籍河南開封府尉氏

縣人縣舉人四十二年十月任四十三年陞

工部司務

范立朝

道行雲南雲南府昆明縣籍江西撫州府臨

川縣人縣舉人四十二年十二月初九日任

四十三年陞南京都察院司務

馬　熢

文甫浙江紹興府會稽縣籍縣舉人四十二
年十二月十七日任
張學懋
四愚四川潼川州人縣舉人四十三年十二
月二十二日任四十四年陞南京大理寺司
務
黎祖壽
攸溢江西清江縣人縣進士四十四年四月
三十日任四十五年陞南京户部司務
汪之浹

昆穎湖廣羅田縣人繇舉人四十四年六月十五日任

姜兆齊

四十六年陞南京户部主事

陳之湑

澹夫湖廣江夏縣人繇進士四十五年十二月任四十七年陞南京刑部主事

金廷璧

德潤江西進賢縣人繇進士四十七年四月初八日任天啓元年三月陞南京刑部主事

翟師偃
鳴武山西襄陵縣人縣舉人四十七年四月
十二日任四十八年陞南京刑部司務

楊元裕
奎軒錦衣衛籍山西蒲州人縣舉人四十七
年八月任四十八年八月陞直隸松江府同
知

李陛問
康矦廣東南海縣人縣舉人四十七年十月
任泰昌元年十月陞大理寺司務

王念祖
止觀南直武進縣人繇進士四十八年八月
任天啓元年六月陞南京刑部主事
越其杰
卓凡貴州新貴縣人繇舉人泰昌元年十二
月任天啓元年九月陞四川重慶府同知
朱宗吳
粤仲浙江錢塘縣人繇舉人天啓元年六月
任二年八月陞南京禮部司務
孫應嶽

心印江西大庾縣人縣舉人天啓元年十月二十五日任二年八月陞南京刑部司務

竇紹仁

太存貴州貴陽籍直隸合肥縣人縣舉人天啓元年十二月二十日任二年八月陞刑部司務

袁文紹

巘臺福建建陽縣人縣舉人天啓二年十六月十一日任三年四月陞南京刑部司務

董懋明

周噩浙江會稽縣人監舉人天啓三年正月任本年九月陞江西撫州府同知

張其維

圃田河南太康縣人監舉人天啓三年二月任四年三月陞陝西隴州知州

傅冲之

雪崖南直嘉定縣籍崑山縣人監舉人天啓三年五月任五年三月陞湖廣均州知州

李學旻

如衷江西臨川縣人監舉人天啓三年六月

任四年九月陞南直泰州知州

徐鳴臯

環中南直長洲縣籍太倉州人舉人天啓三年十一月任五年三月陞江西臨江府同知

袁顯卿

洪陽南直江陰縣人舉人天啓四年[illegible]月

丁憂

顧國縉

繩所南直上海縣人舉人天啓五年六月

任

梁斗輝

澹寧廣東新會縣人孫舉人天啓五年八月

任

黃奇士

守拙湖廣黃陂縣人孫舉人天啓五年八月

任

六堂

嘉靖學錄

彭元陽

東升茶陵人舉人元年任

王宗

繼之江寧人舉人四年任

林德輝

良輝莆田人舉人六年任陞桂陽知州

楊傑

彥卿隴西人舉人六年任陞成都通判

馬賓
明陽懷安人舉人十一年任
趙獻常
誠夫桂林衛人舉人十一年任
何器
璉卿南海人舉人十三年任
王蘭
一芳銅仁人舉人十八年任二十三年陞大
理府通判
朱洪

莆田人舉人十九年任

方濤

廉夫浮梁人舉人二十三年任陞荆州府通

判

江汜

孟復奉化人選貢二十三年任

李應霑

伯雨三原人舉人知縣謫陞二十六年任陞

保定府通判

蔣春生

子成零陵人舉人二十七年任陞南京都察院司務

曹　僎

時升新建人舉人二十九年任三十三年陞南京大理寺評事

鄭　喬

于遐廣西桂林右衛籍湖廣廣濟縣人舉人

黃　鵬

廣東茂名人貢士　　年任

陸　侹

浙江鄞縣人貢士[redacted]年任
樊价
君榮河南睢陽衛人選貢[redacted]年任陞臨
洮府通判
隆慶學錄
何敢復
學閩廣西興業縣人辛酉舉人二年任四年
陞南京兵部司務
周延賓
四年自北監改任

王應桂
子英福建閩縣官籍直隸定遠縣人舉人二
年任
雷汝恒
一德江西九江府德化縣人舉人六年任萬
曆三年陞工部司務
萬曆學録
陳翡
江西南昌人舉人二年任三年陞處州府通
判

方炫

思晦江西臨川縣人歲貢三年任

湛天潤

潤卿廣東增城人歲貢四年任

胡廷正

以修四川漢州人歲貢六年任陞瑞州府通判

王一化

直隸泰興人貢士　年任

程淡

斯成四川榮昌縣籍隆昌縣人舉人九年十三
月任

程　熠

實夫江西玉山縣人貢士十一年任

鄭雲鎬

周卿福建閩縣人庚午舉人十二年任十四
年陞湖廣靖州知州

蔡倫魁

弘偉福建同安人舉人十四年任陞南京工
部司務

敖淳

效古貴州思南籍江西新喻縣人舉人十四年任

高應烇

蔚中浙江嘉興人舉人十六年任

劉師尹

仲覺江西安福縣人舉人十九年任二十一年陞吏部司務

華復元

貞季直隸無錫人選貢十九年以訓導陞任

二十一年陞南京兵部司務

王九秋

子成浙江金華人舉人二十一年任

嚴應恩

懋貺廣東順德縣人舉人二十一年任

王之機

懋吉湖廣麻城縣人舉人二十三年五月任

二十四年陞南京戶部司務三十一年陞本

部廣東司員外

石可大

受甫陝西慶陽衛人舉人二十三年六月任
二十五年陞大理寺司務

林雨化
恒潤福建安溪縣舉人二十四年十一月任
陞浙江湖州府推官

文有格
汝正廣西全州人舉人二十五年十二月任
二十　年陞南京刑部司務

趙天民
元覺雲南永昌衛籍應天府江寧縣人舉人

二十七年二月任

李維極

本建江西吉水人湖廣景陵縣籍舉人二十七年七月任陞本監博士

郭堯濂

潛之浙江蘭谿人舉人二十八年十二月初六日任三十年三月陞本監博士

黃烺

葆南福建永春縣籍晉江縣人舉人二十九年六月任三十年九月陞四川瀘州知州

黄淳

灝初廣東博羅縣人舉人三十年六月初六

日任陞嚴州府同知

韓偕甫

與之四川瀘州人舉人三十年十二月十六

日任三十一年十一月陞南京吏部司務

陳繼芳

世茂直隸江陰縣人舉人三十二年六月任

陞南京刑部司務

石雷

貴州永寧衛人舉人三十二年十一月任

周仕國

晉明貴州普安州人舉人三十三年十二月

任

梁彬

廣西桂平縣人舉人三十四年七月任

張銓

與之浙江餘姚縣人舉人三十四年十二月

任

李燦

山東兖州府濟寧州人舉人三十六年正月
任三十八年陞南京兵部司務
黄拱辰
湖廣黄州府黄岡縣人副榜舉人三十八年
四月任
師承寵
四川敘州府富順縣人舉人三十八年七月
任
張嵩
鍾和湖廣廣濟縣人舉人三十九年七月任

梁曉福

廣東廣州府順德縣人舉人四十年三月任

喻孔教

江西南昌府新建縣人舉人四十四年二月任四十五年陞南京吏部司務

賀君恩

廣平府肥鄉縣人舉人四十四年四月任

毛以燧

直隸蘇州府吳江縣人舉人四十五年十一月任四十九年陞南京兵部司務

徐秉元
福建興化府莆田縣人舉人四十五年十二
月任四十七年陞刑部司務
喬拱璧
訥齋南直上海縣人進士四十七年十一月
任天啓元年二月陞南京兵部車駕司主事
錢承擴
宇侗四川富順縣人舉人四十七年十二月
任泰昌元年十二月陞南京吏部司務
葛大同

更生湖廣江夏縣人舉人天啓元年十月任

三年正月陞南京大理寺司務

安　傳

介明山東淄川縣人舉人天啓元年十月任

二年八月陞兵部司務

徐應龍

騰寰順天宛平縣籍浙江鄞縣人舉人天啓

三年三月任四年四月丁憂

張　烱

惺宇四川内江縣人舉人天啓四年二月任

本年十二月陞南京大理寺司務

宋應軫

鍾南湖廣麻城縣人舉人天啓五年二月任

鄧承簡

澧森廣西全州人舉人天啓五年十一月任

典簿廳

嘉靖典簿

汪潮

應聘竹溪人監生典籍五年陞任

黃講

彥通莆田人歲貢訓導八年任

劉鵬

于霄萬安人歲貢教諭十四年任陞武功知

縣

楊依江

匯夫咸寧人官生典籍十四年陞任

李應春

茂州人歲貢十九年任

李祐

天祚普安人監生二十二年任陞峽江知縣

李杲

伯陽通州人官生二十八年任三十年乞恩

終養

吳恩立

叔禮南平人歷茂名龍泉教諭本監典籍三

十年任三十三年陞廣東大埔知縣

丘雲霄

于上崇安人選貢秀水教諭嘉靖三十四年

任三十八年陞柳城知縣

隆慶典簿

熊翰

隆慶元年改山東滋陽縣教諭

劉一靖

伯安直隸任丘人貢士隆慶元年任

月士振

伯英直隸如皋人監生隆慶四年任

萬曆典簿

蕭振謀

獻可廣東始興縣籍江西廬陵人選貢萬曆

元年四月初五日任

潘桂芳

佳植福建漳州府龍溪縣人貢士五年七月

十五日任

陳大節

浙江台州府仙居縣人貢士十年任陞南昌

府通判

王　珩

河南懷慶府濟源縣人貢士十三年以尉氏縣訓導任陞山東兖州府城武縣知縣

鄭子俊

從選浙江衢州府西安縣人選貢十五年任

李維標

湖廣景陵縣人進士十九年任

朱廷傑

自興江西廬陵縣人選貢二十一年任

劉堅榮

誠寵廣東廣州府新寧縣人選貢二十三年

任

黃升高

四川敘州府宜賓縣人選貢二十五年四月

任

秦日藩

嚴甫廣西梧州府鬱林州人舉人二十六年

十一月任陞本監助教

盛名揚

思抑順天府通州漷縣籍南直蘇州府吳縣人選貢二十八年四月任三十年九月陞陝西慶陽府通判

張　本

子立直隸開平衛籍浙江山陰縣人選貢三十年十二月二十四日任

陳桂林

南京鷹揚衛籍選貢三十三年任

曾維勤

大成江西贛州府龍南縣籍泰和人選貢三

十四年任三十七年陞廣西義寧知縣

畢竟成

養志山西潞州衛人中所官籍選貢三十八
年正月二十六日任

柯元

春子河南光山縣人選貢四十三年十二月
初九日任

張熺

德閩直隸全椒縣人選貢四十七年正月十
九日任天啓元年三月陞河南懷慶府通判

林之楝

隆宇直隸大名府長垣縣人歲貢天啓元年五月任二年九月陞四川眉州滎經縣知縣

楊清

澹孺湖廣應山縣人歲貢天啓二年十二月任三年九月陞本監助教

詹洪鼎

凝寰福建晉江縣籍安溪縣人官生天啓四年　月任

典籍廳

嘉靖典籍

楊依江

四年任見典簿

張璞

永嘉人南平教諭十五年陞未任

李邦光

汝寧茂名人選貢初任教諭陞北監典籍制

滿復除二十三年任二十六年陞歸化知縣

吳恩立

二十七年任見典簿

支　澤

春南浙江蕭山縣人恩貢歷寶應訓導平原

教諭三十二年任

王一麒

直隸祁門縣人貢士三十七年任

愼　旦

浙江歸安縣人貢士三十九年任陞四川良

山知縣

洪　侹

承瑞直隸歙縣人貢士四十一年任陞印

判官

隆慶典籍

熊翰

世禎江西崇仁縣人貢士元年任陞邵武府

通判

萬曆典籍

戰符

廷信湖廣蘄州籍山東月照人舉人五年任

陞南京戶部司務

李洧

公受山西平陽府解州芮城縣人歲貢二年

任陞陝西平涼府通判

丘蘭

德馨江西建昌府南城縣人貢士八年任陞

浙江台州府通判

吳聘

子來直隸蘇州府無錫縣人貢士十三年任

陞廣州府通判

丘鴻漸

于盤直隸武進縣籍江陰縣人舉人十七年
任
曾士登
劉邦重
季球直隸松江府人選貢二十一年任陞昭
平縣知縣
馬　遷
惟喬山東泰安州人歲貢二十四年四月任
劉儀鳳
文瑞陝西西安府盩厔縣人舉人二十六年

任陞平原縣轉江寧知縣

沈光宙

遐南浙江德清縣人選貢二十九年任三十

年陞廣西平樂府昭平縣知縣

李尚志

道卿河南陳留縣人選貢三十年任陞襄陽

府通判

程美中

江西廣信府人選貢　年任

鄭克化

甬郊江西廣信人選貢三十四年任陞雲南
廣西府通判
黄　宸
一宇江西崇仁縣人選貢三十六年任陞直
隸滶縣知縣
吳俊民
顓安廣西武緣縣人選貢三十八年任陞湖
廣應城縣知縣
杜　漸
思兼南直無錫縣人選貢四十年十一月任

陞雲南大理府通判

周文敏

可前湖廣靖州人選貢四十三年正月二十

九日任

章大吉

惠伯浙江山陰縣人歲貢四十四年七月二

十日任

曹應禎

吉南直隸寧晉縣人歲貢四十六年三月初

五日任四十七年三月陞山西盂縣知縣

陰有開
四虛南直當塗縣人歲貢四十七年八月初
三日任
劉大詔
惟申江西大庾縣人歲貢天啓元年二月十
三日任九月初十日陞福建汀州府武平知
縣
戴之一
幼清河南固始縣人歲貢天啓元年十二月
任二年九月陞四川敘州府珙縣知縣

韓如錦

素呈山東萊蕪縣人歲貢天啓二年十二月

任

何瑽

芝眉山東平度州人歲貢天啓五年六月任

本月丁憂